日本を知る社会シリーズ
サイパー

シリーズ1

日本史人名一問一答
中学入試最難関校レベル

一問で２回練習できる
４つの解答選択肢つき

編集　M.access　　発行（株）認知工学

『日本史人名一問一答』について

　この問題集『日本史人名一問一答』は難関中学受験向けに作られた最高レベルの一問一答問題集です。歴史の学習を一通り終えた後の総まとめ・総復習、また入試直前の再チェックに最適です。

　入試に良く出される人物については、問題の角度をかえ、何度も出題しています。

　実戦に対応できることが目標ですので、できるだけ漢字を使用して作成しています。漢字・用語ともにハイレベルですので、参考書や辞書と併用することをお勧めします。

『日本史人名一問一答』の効果的な使用法

　見開きの左のページに、設問と解答欄が設けてあります。右のページには左のページに対応する４つの選択肢があります。

> ステップ１　まず、左ページの設問に対して、右ページの４つの選択肢より選んで答えて下さい。
>
> ステップ２　左ページの設問に対して、その横の解答欄に答を記入します。ただし、右ページの選択肢を見ないで答えましょう。

ステップ１、２共に、１ページごとあるいは１０問程度ごとに丸付けをしましょう。お父さんお母さんなどに丸付けをしていただくのも良い方法です。疑問に思った問題は、そのつど答を確認したほうが良いでしょう。

ステップ１で練習した後、しばらく日数をあけてステップ２に進むのが効率の良い学習方法です。ステップ１の後すぐにステップ２を行うのはお勧めできません。

ステップ１でほとんど正解できるくらいに学習が進んでいる人は、ステップ１を省略してステップ２から始めても構いません。

効率の良い学習例
　①、ステップ1で全問こなした後、ステップ2を行う。
　②、ステップ1で一単元こなしたら、ステップ2で同じ単元を練習する。
　③、ステップ1とステップ2を平行して練習する。ただし、ステップ1で練習した問題は、3日以上あけてからステップ2を行う。

その他の使用法

　一問一答形式なので、友だちやご両親とクイズにすると、楽しみながら学習できます。
　この本1冊あれば、えんぴつがなくても学習できますので、通学途中や食事中などに「ながら勉強」ができます。
　このテキストではまだ難しいという人には、ＣＤ『日本史人物百八十撰』（認知工学より好評発売中）をお勧めします。ラップで覚える楽しい学習ＣＤです。

もくじ

このテキストについて	P 2
原始から平安時代	P 4
鎌倉から安土・桃山時代	P18
江戸時代	P30
明治、大正、昭和、平成	P44
解答	P54

原始から平安時代

問1　聖徳太子の命により、607年に初の遣隋使として、隋と国交を開くのに成功した人物はだれですか。（　　　）

問2　何度もわが国へ渡来しようとしたが5回失敗し、6度目にやっと日本につくことができた唐の高僧はだれですか。（　　　）

問3　630年より続いていた遣唐使を廃止するよう意見を出した人物を答えなさい。（　　　）

問4　平城京を造った天皇を答えなさい。（　　　）

問5　平安時代の代表的歌人の一人で、「古今和歌集」の編纂やかな文字の「土佐日記」を書いた人物はだれですか。（　　　）

問6　都を京都にうつした天皇を答えなさい。（　　　）

問7　平治の乱に勝って、後に政権を取った人はだれですか。（　　　）

問8　一条天皇の皇后定子に仕え、「枕草子」を著わした女流作家はだれですか。（　　　）

問9　庶民教育をめざし、京都に綜芸種智院を開き、また讃岐平野に満濃池を掘ったとも言われる人物はだれですか。（　　　）

問10　法隆寺を建てた人物を答えなさい。（　　　）

問11　藤原良房の養子であり、右大臣・摂政・太政大臣・関白になった人物はだれですか。（　　　）

問12　935年に、関東地方で起きた武士の反乱の中心人物を答えなさい。（　　　）

問13　壬申の乱で勝った後、都を飛鳥浄御原宮に定め、律令体制を強化した天皇はだれですか。（　　　）

問14　「銀も金も玉も何せむにまされる宝子にしかめやも」という歌を作った人物を答えなさい。（　　　）

問15　唐の長安にならい、奈良に都を移し、平城京をつくった天皇を答えなさい。（　　　）

問16　十七条の憲法や冠位十二階を定め、仏教を信じた人物はだれか答えなさい。（　　　）

問17　939年に、瀬戸内地方で起きた反乱の中心人物を答えなさい。（　　　）

問18　平安時代の最初のころ、征夷大将軍として数回にわたり蝦夷征伐を行なって、東北地方をしずめた人物はだれですか。（　　　）

問19　延暦寺を建て、天台宗を開いた僧を答えなさい。（　　　）

問20　中大兄皇子として大化の改新を行い中央集権国家の基礎を作った天皇を答えなさい。（　　　）

問21　のちに天智天皇となり、大津に都を定め、最初の戸籍や近江令を作った人物はだれですか。（　　　）

問22　大化の改新を行い、後に藤原の姓をうけた人物はだれですか（　　　）

問23　藤原不比等の娘で聖武天皇の皇后になった人物を答えなさい（　　　）

問24　仏教を深く信じ、奈良に東大寺を建てた人物はだれですか。（　　　）

問1　1、犬上御田鍬　2、菅原道真　3、蘇我馬子　4、小野妹子　（　）

問2　1、空海　2、行基　3、最澄　4、鑑真　（　）

問3　1、藤原道長　2、紀貫之　3、和気清麻呂　4、菅原道真　（　）

問4　1、用明天皇　2、持統天皇　3、聖武天皇　4、元明天皇　（　）

問5　1、紀貫之　2、日野富子　3、小野小町　4、鴨長明　（　）

問6　1、元明天皇　2、聖武天皇　3、持統天皇　4、桓武天皇　（　）

問7　1、平将門　2、平正盛　3、平忠盛　4、平清盛　（　）

問8　1、清少納言　2、紀貫之　3、紫式部　4、和泉式部　（　）

問9　1、空海　2、円仁　3、円珍　4、最澄　（　）

問10　1、聖徳太子　2、鑑真　3、天智天皇　4、聖武天皇　（　）

問11　1、藤原隆家　2、藤原道長　3、藤原頼通　4、藤原基経　（　）

問12　1、平将門　2、平清盛　3、平経盛　4、平敦盛　（　）

問13　1、天武天皇　2、天智天皇　3、弘文天皇　4、持統天皇　（　）

問14　1、山上憶良　2、額田王　3、山部赤人　4、柿本人麻呂　（　）

問15　1、持統天皇　2、恒武天皇　3、元明天皇　4、用明天皇　（　）

問16　1、聖徳太子　2、卑弥呼　3、聖武天皇　4、蘇我馬子　（　）

問17　1、藤原定家　2、藤原純友　3、藤原清衡　4、藤原不比等　（　）

問18　1、阿部比羅夫　2、文室綿麻呂　3、藤原清衡　4、坂上田村麻呂　（　）

問19　1、空也　2、空海　3、鑑真　4、最澄　（　）

問20　1、天智天皇　2、天武天皇　3、斉明天皇　4、聖武天皇　（　）

問21　1、大海人皇子　2、藤原不比等　3、中大兄皇子　4、大友皇子　（　）

問22　1、中大兄皇子　2、高向玄理　3、中臣鎌足　4、蘇我蝦夷　（　）

問23　1、高子　2、光明子　3、薬子　4、定子　（　）

問24　1、聖武天皇　2、桓武天皇　3、天武天皇　4、天智天皇　（　）

問25　唐で密教を学び、帰国後、高野山に金剛峯寺を建て真言宗を開いた、弘法大師ともよばれる僧はだれか答えなさい。（　　　）

問26　藤原道長の娘である、中宮彰子に仕えた女流作家はだれですか。（　　　）

問27　「魏志」倭人伝には、邪馬台国の女王はだれだとかかれていますか。（　　　）

問28　源頼朝の父である人物を答えなさい。（　　　）

問29　藤原仲麻呂をほろぼし、太政大臣となり、ついで法王の称号を得て、ついには天皇の位につこうとした人物を答えなさい（　　　）

問30　奈良に都を移した天皇はだれですか。（　　　）

問31　和を重んじ、三宝（仏・法・僧）をうやまい、天皇中心の政治をめざした人はだれか答えなさい。（　　　）

問32　奈良時代の終りごろの僧で、政治に口出しして失脚したのはだれですか。（　　　）

問33　保元の乱・平治の乱に勝ち、朝廷と関係を深め、太政大臣になって政治を行った人物はだれですか。（　　　）

問34　下総国の豪族で９３５年に乱を起こし新皇を名乗るが、平貞盛や藤原秀郷らに討たれた人物はだれか答えなさい。（　　　）

問35　中大兄皇子とともに大化の改新を行った人物を答えなさい。（　　　）

問36　日本に律宗を伝え、７５９年に唐招提寺を建てた唐の高僧はだれですか。（　　　）

問37　７世紀末－８世紀初めころの代表的な歌人で、後に歌聖とも呼ばれ、雄大で格調高い歌を作った人物を答えなさい。（　　　）

問38　初の遣隋使として中国に行った人物を答えなさい。（　　　）

問39　諸国で布教するとともに、橋や道をつくるなどの社会事業にもつくし、また大仏の建立にも協力した奈良時代の僧はだれですか。（　　　）

問40　日本にやってくるまでに失明したにもかかわらず、日本で仏教を広めた中国の名僧はだれですか。（　　　）

問41　大化の改新の中心人物の一人で、藤原氏の元となった人はだれですか。（　　　）

問42　小野妹子を初の遣隋使として隋に送った人物はだれですか。（　　　）

問43　後白河上皇との関係を深め、武士としてはじめて太政大臣になり政権をにぎった人物を答えなさい。（　　　）

問44　平等院鳳凰堂にある本尊「阿弥陀如来像」の作者はだれですか。（　　　）

問45　「この世をばわが世とぞ思ふもち月のかけたることもなしと思へば」という歌をよんだ人物を答えなさい。（　　　）

問46　坂上田村麻呂に命じて蝦夷の征伐を行った、８世紀後半から９世紀前半に在位した天皇はだれですか。（　　　）

問47　武士団の棟梁の中で最も有力なのは、何氏と何氏か答えなさい。（　　　）

1、円仁	2、円珍	3、最澄	4、空海	( )	問25
1、清少納言	2、紀貫之	3、紫式部	4、和泉式部	( )	問26
1、小野妹子	2、推古天皇	3、紫式部	4、卑弥呼	( )	問27
1、源義朝	2、源義仲	3、源義経	4、源義家	( )	問28
1、道鏡	2、長屋王	3、恵美押勝	4、橘諸兄	( )	問29
1、聖武天皇	2、持統天皇	3、元明天皇	4、天武天皇	( )	問30
1、蘇我馬子	2、聖徳太子	3、蘇我入鹿	4、中臣鎌足	( )	問31
1、道鏡	2、阿倍仲麻呂	3、鑑真	4、吉備真備	( )	問32
1、平将門	2、平清盛	3、平経盛	4、平忠常	( )	問33
1、平清盛	2、平将門	3、平忠常	4、平忠盛	( )	問34
1、高向玄理	2、中臣鎌足	3、蘇我蝦夷	4、南淵請安	( )	問35
1、鑑真	2、空海	3、行基	4、最澄	( )	問36
1、山上憶良	2、柿本人麻呂	3、山部赤人	4、大伴家持	( )	問37
1、菅原道真	2、鑑真	3、小野妹子	4、阿倍仲麻呂	( )	問38
1、鑑真	2、行基	3、道鏡	4、空也	( )	問39
1、行基	2、最澄	3、空海	4、鑑真	( )	問40
1、中大兄皇子	2、蘇我入鹿	3、中臣鎌足	4、山背大兄王	( )	問41
1、中大兄皇子	2、推古天皇	3、聖徳太子	4、蘇我馬子	( )	問42
1、平清盛	2、源頼朝	3、徳川家康	4、豊臣秀吉	( )	問43
1、観阿弥	2、世阿弥	3、定朝	4、運慶	( )	問44
1、藤原頼通	2、藤原基経	3、藤原道長	4、藤原時平	( )	問45
1、天智天皇	2、桓武天皇	3、元明天皇	4、聖武天皇	( )	問46
1、藤原氏、北条氏	2、北条氏、源氏	3、源氏、平氏	4、平氏、藤原氏	( )	問47

問48　日本風の文化のおこる原因となった、遣唐使の廃止を進言し　（　　　　　）
　　　た人物を答えなさい。

問49　遣隋使を送った人物を答えなさい。　（　　　　　）

問50　平治の乱に勝った後の１１６７年、武士で初めて太政大臣に　（　　　　　）
　　　なった人物はだれですか。

問51　奈良時代、何回もの失敗にもくじけず唐からやってきて、仏　（　　　　　）
　　　教を広め、唐招提寺を建てた僧はだれですか。

問52　前九年の役・後三年の役をしずめた人物を答えなさい。　（　　　　　）

問53　遣唐使を廃止するよう意見を出した人物を答えなさい。　（　　　　　）

問54　茶の産地で有名な宇治に、平等院鳳凰堂を建てた人物を答え　（　　　　　）
　　　なさい。

問55　「天の原ふりさけ見れば春日なる三笠の山に出でし月かも」　（　　　　　）
　　　という歌の作者を答えなさい。

問56　９３５年、関東で反乱をおこし、朝廷からの独立をはかった　（　　　　　）
　　　人物を答えなさい。

問57　もと伊予の国司で、９３９年に瀬戸内海の海賊をひきいて乱　（　　　　　）
　　　を起こし讃岐の国府や九州の太宰府をおそったが、源基経ら
　　　に討たれた人物はだれですか。

問58　平安時代の前期の政治家で、８７６年に摂政となり８８７年　（　　　　　）
　　　に最初の関白となった人物はだれですか。

問59　仏教は、だれがはじめたものですか。　（　　　　　）

問60　深く仏教を信じ東大寺・大仏を建立し、天平文化を発展させ　（　　　　　）
　　　た奈良時代の天皇を答えなさい。

問61　応神天皇の時、百済から論語・千字文をもって日本にやって　（　　　　　）
　　　きた人物はだれですか。

問62　聖武天皇の皇后で、悲田院・施薬院などまずしい人を救う施　（　　　　　）
　　　設を作った人物はだれですか。

問63　３代の天皇につかえ、それぞれ娘を嫁がせ権力をにぎり、ま　（　　　　　）
　　　た法成寺を建てたことでもしられる人物を答えなさい。

問64　中宮定子につかえ、随筆「枕草子」をあらわした平安時代を　（　　　　　）
　　　代表する女流作家はだれですか。

問65　１０８６年、藤原氏の摂関政治をおさえるために院政をはじ　（　　　　　）
　　　めた人物を答えなさい。

問66　藤原氏がもっとも栄えた時代、京都の宇治に平等院という美　（　　　　　）
　　　しいたてものを建てた人物を答えなさい。

問67　仏教を積極的に取り入れようとした豪族で、反対派の物部氏　（　　　　　）
　　　を滅ぼした人物はだれですか。

問68　平安時代の文学の最高傑作といわれる「源氏物語」を書いた　（　　　　　）
　　　人物はだれですか。

問69　大化の改新でほろぼされた豪族は何氏ですか。　（　　　　　）

問70　国風文化期におけるかな文学の最高傑作の一つといわれる随　（　　　　　）
　　　筆を書いた女流作家を答えなさい。

1、藤原薬子	2、都良香	3、伴善男	4、菅原道真	（　）	問48
1、小野妹子	2、菅原道真	3、蘇我馬子	4、聖徳太子	（　）	問49
1、平清盛	2、平将門	3、平忠常	4、平貞盛	（　）	問50
1、行基	2、鑑真	3、吉備真備	4、阿部仲麻呂	（　）	問51
1、源頼義	2、源為義	3、源義仲	4、源義家	（　）	問52
1、桓武天皇	2、阿倍仲麻呂	3、吉備真備	4、菅原道真	（　）	問53
1、藤原鎌足	2、藤原良房	3、藤原頼通	4、藤原道長	（　）	問54
1、阿部仲麻呂	2、柿本人麻呂	3、大伴家持	4、山部赤人	（　）	問55
1、平清盛	2、平将門	3、平経盛	4、平忠常	（　）	問56
1、藤原基経	2、藤原良房	3、藤原道長	4、藤原純友	（　）	問57
1、藤原良房	2、藤原基経	3、藤原時平	4、藤原道長	（　）	問58
1、李白	2、曇徴	3、ダライラマ	4、シャカ	（　）	問59
1、桓武天皇	2、聖武天皇	3、神武天皇	4、天武天皇	（　）	問60
1、孔子	2、弓月君	3、老子	4、王仁	（　）	問61
1、持統天皇	2、元明天皇	3、光明皇后	4、孝謙天皇	（　）	問62
1、藤原頼通	2、藤原道長	3、平清盛	4、豊臣秀吉	（　）	問63
1、紫式部	2、清少納言	3、紀貫之	4、吉田兼好	（　）	問64
1、白河上皇	2、堀河天皇	3、後鳥羽上皇	4、崇徳天皇	（　）	問65
1、藤原頼通	2、藤原基経	3、藤原道長	4、藤原時平	（　）	問66
1、大伴氏	2、中臣氏	3、蘇我氏	4、金村氏	（　）	問67
1、紀貫之	2、和泉式部	3、紫式部	4、清少納言	（　）	問68
1、物部氏	2、蘇我氏	3、藤原氏	4、大伴氏	（　）	問69
1、紀貫之	2、紫式部	3、和泉式部	4、清少納言	（　）	問70

問71　律令政治の立て直しをはかるために、794年に都を奈良から京都に移し平安京をつくった天皇はだれですか。（　　　）

問72　推古天皇の摂政となって、天皇中心の中央集権国家を築こうとした人はだれですか。（　　　）

問73　大化の改新の中心人物のうちの一人で、のちに天智天皇となった人はだれですか。（　　　）

問74　正倉院には、ある天皇の遺品を中心とする宝物が残されていますが、それは何天皇の遺品か答えなさい。（　　　）

問75　十七条の憲法や冠位十二階の制度を定めた人物を答えなさい（　　　）

問76　遣唐使とともに中国にわたったが帰国できず、唐の役人として一生を送った人物を答えなさい。（　　　）

問77　帰化人を支配し、仏教を信仰し、大きな勢力をもっていた豪族は何氏か答えなさい。（　　　）

問78　5世紀、日本に渡来し、論語・千字文をもたらした百済の博士はだれですか。（　　　）

問79　奈良時代の農民の苦しい生活の様子を歌に表した「貧窮問答歌」の作者はだれですか。（　　　）

問80　前九年の役と後三年の役の反乱をしずめたことをきっかけに、東国に勢いをのばし、源氏の大武士団を作り上げた人物を答えなさい。（　　　）

問81　平安時代後期の僧で、兎や蛙などの動物を登場させ世相を風刺した「鳥獣戯画」の作者といわれている人物はだれですか（　　　）

問82　桓武天皇が、蝦夷を討つために東北地方につかわした人物はだれですか。（　　　）

問83　院で政治を行い、その権力を強化するため、荘園の整理を行い、北面の武士を組織した人物を答えなさい。（　　　）

問84　藤原純友の乱とほぼ同じころ、関東地方で乱をおこし、新皇を名乗った人物はだれですか。（　　　）

問85　飛鳥時代の彫刻家で、釈迦如来像などをつくった人物はだれですか。（　　　）

問86　中臣鎌足とともに大化の改新を行った人物はだれですか。（　　　）

問87　関東の平将門の乱とあわせて承平・天慶の乱と呼ばれている反乱を瀬戸内海でおこした人物はだれですか。（　　　）

問88　摂政・関白を置かない宇多天皇に信任され、遣唐使の廃止を説え、後に藤原氏の策謀により太宰府に流された人物はだれですか。（　　　）

問89　中臣鎌足や帰国した留学生の力をかりて、朝廷にしたがわない蘇我氏をほろぼした人物はだれですか。（　　　）

問90　中大兄皇子と協力して蘇我氏をほろぼし、大化の改新を行なった人物を答えなさい。（　　　）

問91　称徳天皇に重く用いられ権力をふるったが、天皇の地位をねらったとされ失脚した奈良時代の末期の僧はだれですか。（　　　）

1、桓武天皇	2、元明天皇	3、聖武天皇	4、天智天皇	(　　) 問71
1、聖徳太子	2、蘇我馬子	3、中臣鎌足	4、小野妹子	(　　) 問72
1、中大兄皇子	2、蘇我入鹿	3、中臣鎌足	4、山背大兄王	(　　) 問73
1、元明天皇	2、桓武天皇	3、聖武天皇	4、持統天皇	(　　) 問74
1、推古天皇	2、聖徳太子	3、蘇我馬子	4、中臣鎌足	(　　) 問75
1、阿倍仲麻呂	2、鑑真	3、柿本人麻呂	4、吉備真備	(　　) 問76
1、物部氏	2、大伴氏	3、蘇我氏	4、中臣氏	(　　) 問77
1、王仁	2、阿知使主	3、弓月君	4、孔子	(　　) 問78
1、柿本人麻呂	2、山部赤人	3、大伴家持	4、山上憶良	(　　) 問79
1、源義家	2、源頼義	3、源義朝	4、源頼朝	(　　) 問80
1、白河僧正	2、後白河僧正	3、鳥羽僧正	4、後鳥羽僧正	(　　) 問81
1、柿本人麻呂	2、阿倍仲麻呂	3、坂上田村麻呂	4、和気清麻呂	(　　) 問82
1、三条天皇	2、鳥羽天皇	3、醍醐天皇	4、白河上皇	(　　) 問83
1、平清盛	2、平重盛	3、平忠盛	4、平将門	(　　) 問84
1、阿国	2、宗祇	3、運慶	4、鞍作鳥	(　　) 問85
1、中大兄皇子	2、藤原不比等	3、大友皇子	4、大海人皇子	(　　) 問86
1、平清盛	2、藤原純友	3、源経基	4、平貞盛	(　　) 問87
1、藤原時平	2、舎人親王	3、紀貫之	4、菅原道真	(　　) 問88
1、蘇我入鹿	2、山背大兄王	3、中大兄皇子	4、孝徳天皇	(　　) 問89
1、蘇我馬子	2、聖徳太子	3、蘇我入鹿	4、中臣鎌足	(　　) 問90
1、道鏡	2、空海	3、最澄	4、円仁	(　　) 問91

問92	邪馬台国を治めた女王はだれですか。	（　　　　　）
問93	後三条天皇の子で、上皇として院政を行い、藤原氏の勢力をおさえた人物を答えなさい。	（　　　　　）
問94	仏教を信じ、推古天皇の摂政になり、隋の文化をとりいれ、法隆寺や四天王寺を建てた、飛鳥時代の人物はだれですか。	（　　　　　）
問95	和同開珎や古事記・風土記を作らせた女性の天皇はだれですか。	（　　　　　）
問96	奈良時代、布教をしながら各地に橋や道路、用水路や池などをつくった僧はだれですか。	（　　　　　）
問97	奈良時代三代目の天皇を答えなさい。	（　　　　　）
問98	「鳥獣戯画」をえがいたとされる人物はだれですか。	（　　　　　）
問99	平治の乱でやぶれた人はだれですか。	（　　　　　）
問100	大海人皇子が壬申の乱で勝った後、即位してなった天皇を答えなさい。	（　　　　　）
問101	藤原氏の全盛時代をつくった人物を答えなさい。	（　　　　　）
問102	仏教を厚く信仰し、悲田院・施薬院を建て難民の救済など慈善事業に尽くした人物はだれですか。	（　　　　　）
問103	平安時代、桓武天皇の命により、東北地方の蝦夷を平定したのはだれですか。	（　　　　　）
問104	６３０年、初の遣唐使として派遣された人物を答えなさい。	（　　　　　）
問105	蝦夷を征伐し、胆沢城・志波城を建てた征夷大将軍はだれですか。	（　　　　　）
問106	平将門の乱とほぼ同じころ、瀬戸内海の海賊をまとめて、瀬戸内沿岸をあらした人物を答えなさい。	（　　　　　）
問107	唐に留学したが、帰国の船が難破し、唐で一生を送った人物を答えなさい。	（　　　　　）
問108	深く仏教を信じ国ごとに国分寺・国分尼寺を建て仏教を盛んにした奈良時代の天皇を答えなさい。	（　　　　　）
問109	仏教を信じ、悲田院や施薬院をつくって、病人や貧しい人を救った人はだれですか。	（　　　　　）
問110	平安京に都をうつした天皇を答えなさい。	（　　　　　）
問111	東大寺や国分寺を建てた天皇を答えなさい。	（　　　　　）
問112	前九年の役・後三年の役で東国の武士をひきいて平定した平安時代後期の武士はだれか答えなさい。	（　　　　　）
問113	藤原基経の死後、宇多天皇に登用され、醍醐天皇のもとで右大臣になったが、左大臣藤原時平らの策謀によって太宰府へ流された人物はだれですか。	（　　　　　）
問114	６０７年、聖徳太子は、進んだ文化をとりいれるため使者を隋に派遣しましたが、この使者として派遣された人物を答えなさい。	（　　　　　）
問115	全国各地で歌をよみ、格調の高い雄大な作品を残した、奈良時代の万葉歌人はだれですか。	（　　　　　）

1、紫式部	2、卑弥呼	3、清少納言	4、推古天皇	( ) 問92
1、鳥羽天皇	2、白河天皇	3、後鳥羽天皇	4、後白河天皇	( ) 問93
1、天智天皇	2、天武天皇	3、聖徳太子	4、聖武天皇	( ) 問94
1、元明天皇	2、持統天皇	3、推古天皇	4、孝謙天皇	( ) 問95
1、吉備真備	2、鑑真	3、道鏡	4、行基	( ) 問96
1、神武天皇	2、天武天皇	3、桓武天皇	4、聖武天皇	( ) 問97
1、一休禅師	2、止利仏師	3、鴨長明	4、鳥羽僧正	( ) 問98
1、源頼義	2、源義家	3、源義朝	4、源為義	( ) 問99
1、天智天皇	2、弘文天皇	3、持統天皇	4、天武天皇	( ) 問100
1、藤原不比等	2、藤原道長	3、藤原頼通	4、藤原師実	( ) 問101
1、定子	2、高子	3、光明子	4、薬子	( ) 問102
1、藤原清衡	2、平将門	3、藤原純友	4、坂上田村麻呂	( ) 問103
1、犬上御田鍬	2、小野妹子	3、菅原道真	4、阿倍仲麻呂	( ) 問104
1、柿本人麻呂	2、太安麻呂	3、和気清麻呂	4、坂上田村麻呂	( ) 問105
1、藤原不比等	2、藤原純友	3、藤原房前	4、藤原時平	( ) 問106
1、阿部比羅夫	2、坂上田村麻呂	3、柿本人麻呂	4、阿倍仲麻呂	( ) 問107
1、聖武天皇	2、神武天皇	3、天武天皇	4、桓武天皇	( ) 問108
1、持統天皇	2、聖武天皇	3、光明皇后	4、桓武天皇	( ) 問109
1、聖武天皇	2、持統天皇	3、用明天皇	4、桓武天皇	( ) 問110
1、聖武天皇	2、天智天皇	3、桓武天皇	4、聖徳太子	( ) 問111
1、源義家	2、源頼朝	3、源実朝	4、源経基	( ) 問112
1、小野妹子	2、菅原道真	3、菅原道長	4、藤原道真	( ) 問113
1、小野小町	2、小野道風	3、小野組	4、小野妹子	( ) 問114
1、坂上田村麻呂	2、藤原仲麻呂	3、柿本人麻呂	4、阿部仲麻呂	( ) 問115

問116 ７１０年に新たに都をつくった女性の天皇を答えなさい。（　　　）
問117 奈良時代、国ごとに国分寺・国分尼寺、都に東大寺を建てて仏教をさかんにした天皇はだれですか。（　　　）
問118 摂関政治の最盛期また藤原氏の最盛期を作り、法成寺を建てた人物はだれですか。（　　　）
問119 アメリカの動物学者で、１８７７年、大森貝塚を発見し、日本の考古学の発展に大きな影響を与えた人はだれですか。（　　　）
問120 法隆寺にある釈迦三尊像をつくった人物を答えなさい。（　　　）
問121 藤原道長の子として栄華をきわめ、宇治に平等院鳳凰堂をたてたが、後に出家し政治から離れた人物はだれですか。（　　　）
問122 瀬戸内海の海賊をひきいて反乱を起こした、もと伊予の国司である人物はだれですか。（　　　）
問123 ２世紀後半に日本の３０あまりの国を統一したと「魏志倭人伝」に書かれている国の女王はだれですか。（　　　）
問124 ６世紀ごろ、多くの渡来人をしたがえて栄えていた、大臣（おおみ）である豪族は何氏ですか。（　　　）
問125 ７世紀初め、政治の改革を行い、法隆寺など寺を建て仏教を広め、隋と対等の国交を開こうとした人物はだれか答えなさい。（　　　）
問126 唐へ留学したが、船が難破して帰国できず、一生唐の朝廷に仕えた人物を答えなさい。（　　　）
問127 院政を最初に行なった上皇はだれですか。（　　　）
問128 「土佐日記」の作者はだれですか。（　　　）
問129 聖徳太子が政治の手助けをした、女性の天皇はだれですか。（　　　）
問130 平安後期の仏像彫刻家で、仏師としては初めて朝廷より高い位を賜わった人物はだれですか。（　　　）
問131 世界最大の墓といわれている、大阪堺市の前方後円墳はだれの墓と考えられていますか。（　　　）
問132 平城京から長岡京へ、長岡京から平安京へ移し、律令政治の再建に力をそそいだ天皇を答えなさい。（　　　）
問133 平安時代、唐で仏教を学んだ後、高野山に金剛峯寺を建て真言宗を広めた僧はだれですか。（　　　）
問134 壬申の乱で大友皇子をやぶった後、都を飛鳥に移し、天皇中心の政治を行った天皇はだれですか。（　　　）
問135 世界でも有数の長編小説である「源氏物語」の作者はだれですか。（　　　）
問136 初の女性の天皇を答えなさい。（　　　）
問137 「この世をばわが世とぞ思う望月のかけたることもなしと思へば」の歌の作者を答えなさい。（　　　）
問138 大輪田泊を改修して日宋貿易に力をそそいだ人物はだれですか。（　　　）

1、推古天皇	2、持統天皇	3、恒武天皇	4、元明天皇	( )	問116
1、恒武天皇	2、持統天皇	3、聖武天皇	4、推古天皇	( )	問117
1、藤原頼通	2、藤原道長	3、藤原良房	4、藤原基経	( )	問118
1、ウィルソン	2、ガンジー	3、モース	4、クラーク	( )	問119
1、鞍作鳥	2、用明天皇	3、玉虫厨子	4、吉備真備	( )	問120
1、藤原基経	2、藤原良房	3、藤原純友	4、藤原頼通	( )	問121
1、藤原純友	2、平将門	3、源経基	4、平貞盛	( )	問122
1、天照大神	2、光明子	3、卑弥呼	4、持統天皇	( )	問123
1、藤原氏	2、蘇我氏	3、秦氏	4、安倍氏	( )	問124
1、推古天皇	2、聖徳太子	3、中臣鎌足	4、天武天皇	( )	問125
1、高向玄理	2、阿部仲麻呂	3、吉備真備	4、鑑真	( )	問126
1、堀川上皇	2、鳥羽上皇	3、後鳥羽上皇	4、白河上皇	( )	問127
1、清少納言	2、紫式部	3、紀貫之	4、作者不明	( )	問128
1、推古天皇	2、天智天皇	3、聖武天皇	4、桓武天皇	( )	問129
1、定朝	2、運慶	3、宗祇	4、狩野永徳	( )	問130
1、応神天皇	2、仁徳天皇	3、反正天皇	4、雄略天皇	( )	問131
1、桓武天皇	2、聖武天皇	3、天武天皇	4、天智天皇	( )	問132
1、最澄	2、空也	3、空海	4、栄西	( )	問133
1、天智天皇	2、天武天皇	3、元明天皇	4、持統天皇	( )	問134
1、清少納言	2、紫式部	3、紀貫之	4、菅原道真	( )	問135
1、元明天皇	2、持統天皇	3、後桜町天皇	4、推古天皇	( )	問136
1、藤原鎌足	2、藤原良房	3、藤原頼通	4、藤原道長	( )	問137
1、平貞盛	2、平清盛	3、平将門	4、平忠常	( )	問138

問139 世界最大の面積を持つといわれている古墳はだれの墓である（　　　　　）
と考えられていますか。

問140 聖徳太子の死後、国内で政治の権力をにぎり、天皇をしのぐ（　　　　　）
力を持つようになったが、中大兄皇子・中臣鎌足により滅ぼ
されてた親子はだれですか。

問141 随筆「枕草子」の作者はだれですか。　　　　　　　　（　　　　　）

問142 唐で天台宗を学び、帰国後、比叡山に延暦寺を建てた伝教大（　　　　　）
師とよばれる僧はだれか答えなさい。

問143 唐に渡り密教を学び、帰国後真言宗を開き、高野山に金剛峯（　　　　　）
寺というお寺を建てた人物を答えなさい。

問144 中宮彰子に仕え、長編の物語「源氏物語」を著わした、平安（　　　　　）
時代を代表する女流作家はだれですか。

問145 大津に都をおき、わが国初の全国的な戸籍を作り、近江令（　　　　　）
を作った天皇はだれですか。

問146 ７１０年、奈良の平城京に都を定めた天皇を答えなさい。　（　　　　　）

1、推古天皇	2、聖徳太子	3、仁徳天皇	4、卑弥呼	( )	問139
1、蘇我蝦夷・蘇我入鹿	2、蘇我馬子・蘇我蝦夷	3、蘇我稲目・蘇我馬子	4、蘇我馬子・蘇我入鹿	( )	問140
1、清少納言	2、紫式部	3、紀貫之	4、菅原道真	( )	問141
1、円仁	2、円珍	3、最澄	4、空海	( )	問142
1、最澄	2、鑑真	3、空海	4、法然	( )	問143
1、紫式部	2、清少納言	3、紀貫之	4、吉田兼好	( )	問144
1、天武天皇	2、持統天皇	3、天智天皇	4、元明天皇	( )	問145
1、桓武天皇	2、持統天皇	3、元明天皇	4、孝謙天皇	( )	問146

鎌倉から安土・桃山時代

問147 日明貿易を行なった、室町幕府3代将軍はだれですか。（　　）

問148 自分のあとつぎ問題や、当時の管領のあとつぎ問題から応仁の乱が起こった時の将軍はだれですか。（　　）

問149 豊臣秀吉に仕えたが、秀吉の死後、勢力を広げようとしていた徳川家康と、その力を押さえるため関ケ原で争った、安土桃山時代の武将はだれですか。（　　）

問150 北九州に攻めてきた元の大軍を二度も打破った鎌倉八代執権を答えなさい。（　　）

問151 大坂城、天下統一、検地・刀狩り、朝鮮出兵から連想される人物を答えなさい。（　　）

問152 鎌倉幕府の有力な御家人であったが後醍醐天皇に味方し、のちに建武の新政で足利尊氏と対立するようになり、藤島の戦いで足利氏に敗れた人物はだれですか。（　　）

問153 法華経だけが仏教の正しい教えであるとして、「南無妙法蓮華経」と唱えることで救われると説いた人物を答えなさい。（　　）

問154 元の攻撃を退けた、鎌倉幕府の執権を答えなさい。（　　）

問155 １５９０年、主君のあとを継ぎ、全国統一に成功して封建制度の基礎をかためた人物を答えなさい。（　　）

問156 観阿弥の子で、能をすぐれた芸術として完成させた人物を答えなさい。（　　）

問157 信長・秀吉に仕え、安土城・大坂城などに華麗な障壁画を描いた桃山時代の画家はだれですか。（　　）

問158 １４９８年、アフリカの喜望峰をまわりアフリカ東海岸からインドのカリカットへ到達したポルトガル人の名前を答えなさい。（　　）

問159 南北朝を合一させた将軍を答えなさい。（　　）

問160 越後の戦国大名で「敵に塩を贈る」の逸話でしられる人物はだれですか。（　　）

問161 「新古今和歌集」「百人一首」を編集した、鎌倉時代の初期の歌人はだれですか。（　　）

問162 院政を行い、荘園を自分の支配下におき、軍事力を強化し、北条義時をうって政権をとりもどそうとしたが失敗して隠岐に流された人物はだれですか。（　　）

問163 １５６８年、織田信長の助けにより将軍になった人物を答えなさい。（　　）

問164 連歌を芸術にまで高めた「正風連歌」を確立した人はだれですか。（　　）

問165 １６世紀、年貢を正確にとりたてるため、農地の面積や善し悪し、その土地の気候などから作物のとれ高を調べた人物はだれですか。（　　）

1、足利尊氏	2、足利義満	3、足利義政	4、足利義昭	(　)　問147
1、足利義満	2、足利義政	3、足利尊氏	4、足利義昭	(　)　問148

1、明智光秀　　2、石田三成　　3、今川義元　　4、細川勝元　　(　)　問149

1、北条泰時　　2、北条義時　　3、北条時宗　　4、北条時政　　(　)　問150

1、豊臣秀吉　　2、徳川家康　　3、織田信長　　4、足利尊氏　　(　)　問151

1、新田義貞　　2、楠木正成　　3、北条貞時　　4、足利義教　　(　)　問152

1、妙法　　2、日蓮　　3、法然　　4、親鸞　　(　)　問153

1、北条泰時　　2、北条時宗　　3、北条義時　　4、北条時政　　(　)　問154
1、豊臣秀吉　　2、徳川家康　　3、織田信長　　4、石田三成　　(　)　問155

1、与阿弥　　2、代阿弥　　3、世阿弥　　4、誉阿弥　　(　)　問156

1、千利休　　2、長谷川等伯　　3、海北友松　　4、狩野永徳　　(　)　問157

1、バスコ＝ダ＝ガマ　　2、コロンブス　　3、マルコ＝ポーロ　　4、マゼラン　　(　)　問158

1、足利尊氏　　2、足利義満　　3、足利義政　　4、足利義昭　　(　)　問159
1、北条氏康　　2、織田信長　　3、武田信玄　　4、上杉謙信　　(　)　問160

1、源実朝　　2、藤原定家　　3、紀貫之　　4、菅原道真　　(　)　問161

1、源実朝　　2、後鳥羽上皇　　3、後醍醐天皇　　4、足利尊氏　　(　)　問162

1、足利義昭　　2、足利義政　　3、足利尊氏　　4、足利義満　　(　)　問163

1、藤原定家　　2、宗祇　　3、雪舟　　4、後醍醐天皇　　(　)　問164

1、織田信長　　2、石田三成　　3、豊臣秀吉　　4、徳川家康　　(　)　問165

問166 南無阿弥陀仏という念仏を唱えればだれでも往生できるという専修念仏の教えを説いた人物はだれですか。（　　　　　）

問167 承久の乱の、朝廷側の中心人物はだれですか。（　　　　　）

問168 大坂城を築いて根拠地とし天下統一をなしとげた人はだれですか。（　　　　　）

問169 濃尾平野を支配し、鉄砲の使用により、武田の騎馬隊を破った戦国大名はだれですか。（　　　　　）

問170 源氏が３代でほろんだのをきっかけに、朝廷に政治の実権を取り戻そうと承久の乱をおこした人物はだれですか。（　　　　　）

問171 南朝と北朝を合一を実現し、幕府の支配を安定させた人物はだれですか。（　　　　　）

問172 障壁画の中心となった人物で、「唐獅子図屏風」「洛中洛外図屏風」などの作品を残した画家はだれですか。（　　　　　）

問173 細川勝元と対立し、応仁の乱をおこした室町時代の武将はだれですか。（　　　　　）

問174 室町時代、連歌の芸術として大成し、広く地方に普及した人物はだれですか。（　　　　　）

問175 快慶の優しい穏和な作品に対して、力強い作品を作った、鎌倉時代初期の彫刻家はだれですか。（　　　　　）

問176 舎利殿で有名な円覚寺を建て、また二度に渡る外国の襲来を防いだ人物を答えなさい。（　　　　　）

問177 武将、美濃出身、信長の家来、本能寺の変、謀反から連想される人物はだれですか。（　　　　　）

問178 源氏最後の将軍はだれですか。（　　　　　）

問179 １３世紀後半、元をおとずれてフビライ＝ハンに仕えたイタリアの商人で、「東方見聞録」を著した人物はだれですか。（　　　　　）

問180 国ごとに守護・地頭をおき、東国を中心に支配を固め、幕府を開いた人物を答えなさい。（　　　　　）

問181 能楽を保護した室町時代の将軍はだれですか。（　　　　　）

問182 源頼朝以来の先例や武士のしきたり・道徳を、１２３２年、法にまとめた人物を答えなさい。（　　　　　）

問183 スペイン王の命により世界周航に出発し、途中フィリピンで住民に殺されたポルトガル人を答えなさい。（　　　　　）

問184 天台宗を学び浄土教をもとにして、「南無阿弥陀仏」と念仏を唱えるだけで極楽にいけるという教えを説き、浄土宗を開いた人物を答えなさい。（　　　　　）

問185 鎌倉幕府の８代執権で、二度にわたる元寇をしりぞけた人物はだれですか。（　　　　　）

問186 武士が作った最初の法律である御成敗式目は、だれがつくりましたか。（　　　　　）

問187 豊臣秀吉の側近で、関ケ原の戦いで破れた、近江出身の武将はだれですか。（　　　　　）

1、日蓮	2、法然	3、空海	4、親鸞	( )	問166
1、後白河上皇	2、後醍醐天皇	3、後鳥羽上皇	4、足利尊氏	( )	問167
1、織田信長	2、徳川家康	3、足利尊氏	4、豊臣秀吉	( )	問168
1、今川義元	2、徳川家康	3、石田光成	4、織田信長	( )	問169
1、後白河上皇	2、後鳥羽上皇	3、後嵯峨上皇	4、後醍醐上皇	( )	問170
1、足利義満	2、足利義政	3、北条時宗	4、足利尊氏	( )	問171
1、狩野永徳	2、狩野山楽	3、狩野秀頼	4、狩野探幽	( )	問172
1、赤松満祐	2、山名宗全	3、長宗我部元親	4、織田信長	( )	問173
1、雪舟	2、明兆	3、周文	4、宗祇	( )	問174
1、世阿弥	2、一休	3、定朝	4、運慶	( )	問175
1、北条時政	2、北条義時	3、北条時頼	4、北条時宗	( )	問176
1、柴田勝家	2、今川義元	3、武田勝頼	4、明智光秀	( )	問177
1、源頼朝	2、源範頼	3、源義経	4、源実朝	( )	問178
1、フランシスコ=ザビエル	2、ウィリアム=アダムズ	3、シーボルト	4、マルコ=ポーロ	( )	問179
1、源義家	2、源頼朝	3、源実朝	4、源経基	( )	問180
1、足利尊氏	2、足利義満	3、足利義政	4、足利義昭	( )	問181
1、北条泰時	2、北条義時	3、北条時政	4、北条時頼	( )	問182
1、バスコ=ダ=ガマ	2、コロンブス	3、マルコ=ポーロ	4、マゼラン	( )	問183
1、空也	2、源信	3、栄西	4、法然	( )	問184
1、北条時政	2、北条時宗	3、北条時頼	4、北条時房	( )	問185
1、北条泰時	2、北条時宗	3、北条時政	4、北条義時	( )	問186
1、石田三成	2、徳川家康	3、毛利輝元	4、宇喜多秀家	( )	問187

問188 中国の明王朝と貿易を始め、永楽銭という貨幣を輸入した将　（　　　　　　）
　　　軍はだれですか。

問189 延暦寺の迫害を受け、越前に永平寺を建て曹洞宗を開いた、（　　　　　　）
　　　栄西の弟子である僧を答えなさい。

問190 東大寺南大門の金剛力士像をつくった人はだれとだれですか（　　　　　　）

問191 川中島の戦いで武田信玄と戦った人物を答えなさい。　　　（　　　　　　）
問192 室町幕府の第１５代目の将軍はだれですか。　　　　　　　（　　　　　　）
問193 １５４９年に鹿児島に上陸し、はじめてキリスト教を日本に（　　　　　　）
　　　伝えたイエズス会の宣教師であるスペイン人の名前を答えな
　　　さい。

問194 東大寺南大門の「金剛力士像」を快慶と共に作った、鎌倉時（　　　　　　）
　　　代の彫刻家はだれですか。

問195 運慶の力強い作品に対して、優しい穏和な作品を作った、鎌（　　　　　　）
　　　倉時代初期の彫刻家はだれですか。

問196 １２３２年、御成敗式目を制定した人物を答えなさい。　　（　　　　　　）
問197 厳しい修行をしなくても、念仏を唱えればだれでも救われる（　　　　　　）
　　　と説いた僧を答えなさい。

問198 鎌倉時代初期、世俗からはなれ、ひたすら座禅に徹するとい（　　　　　　）
　　　う教えの曹洞宗を開いた人物はだれですか。

問199 後醍醐天皇を吉野へ追いやり、別の天皇をたてて京都に幕府（　　　　　　）
　　　を開いた人物を答えなさい。

問200 中国や朝鮮が、室町幕府に倭寇のとりしまりを求めてきまし（　　　　　　）
　　　たが、それは何将軍のときでしたか。

問201 陰謀により、兄である二代将軍頼家の子公暁に暗殺された鎌（　　　　　　）
　　　倉三代将軍はだれですか。

問202 １４９２年に大西洋を西へ航海し、西インド諸島に到達した（　　　　　　）
　　　イタリア人はだれか答えなさい。

問203 北山文化期に基礎ができた水墨画を、明に留学した後、日本（　　　　　　）
　　　的な水墨画様式として大成した東山文化期の人物を答えなさ
　　　い。

問204 チンギス＝ハンの孫で、二度にわたり日本を侵略しようとし（　　　　　　）
　　　た人物を答えなさい。

問205 建武の新政を行なった人物はだれですか。　　　　　　　　（　　　　　　）
問206 １５７３年、織田信長に京都より追放され、室町幕府最後の（　　　　　　）
　　　将軍となった人物を答えなさい。

問207 室町時代を代表する画家で、「山水図」などのすぐれた作品（　　　　　　）
　　　を描いた人物はだれですか。

問208 鎌倉幕府の３代将軍であったが、政治の実権を持たないため（　　　　　　）
　　　文学に励み、万葉調の和歌集である「金槐和歌集」をあらわ
　　　した人物はだれですか。

1、足利義政	2、足利義満	3、足利義教	4、足利義持	( )	問188
1、親鸞	2、一遍	3、道元	4、法然	( )	問189
1、空也・空海	2、運慶、快慶	3、観阿弥、世阿弥	4、千利休・一休	( )	問190
1、織田信長	2、斎藤道三	3、今川義元	4、上杉謙信	( )	問191
1、足利義政	2、足利義満	3、足利義昭	4、足利尊氏	( )	問192
1、ヴァリニャーニ	2、ザビエル	3、コロンブス	4、ペリー	( )	問193
1、運慶	2、剛慶	3、貞慶	4、道慶	( )	問194
1、行基	2、道元	3、快慶	4、鞍作鳥	( )	問195
1、北条時政	2、北条義時	3、北条泰時	4、北条時頼	( )	問196
1、法然	2、親鸞	3、一遍	4、日蓮	( )	問197
1、栄西	2、道元	3、法然	4、親鸞	( )	問198
1、足利直義	2、足利尊氏	3、足利義満	4、足利義持	( )	問199
1、北条時宗	2、北条高時	3、足利義満	4、足利義政	( )	問200
1、源頼朝	2、源義経	3、源実朝	4、源頼家	( )	問201
1、バスコ=ダ=ガマ	2、コロンブス	3、マルコ=ポーロ	4、マゼラン	( )	問202
1、雪舟	2、千利休	3、宗祇	4、蓮如	( )	問203
1、マルコ=ポーロ	2、ペリー	3、マゼラン	4、フビライ=ハン	( )	問204
1、後嵯峨天皇	2、後醍醐天皇	3、亀山天皇	4、後深草天皇	( )	問205
1、足利義満	2、足利義政	3、足利尊氏	4、足利義昭	( )	問206
1、周文	2、明兆	3、如拙	4、雪舟	( )	問207
1、源義家	2、源頼朝	3、源実朝	4、源経基	( )	問208

問209 鎌倉幕府が滅びた翌年、建武の新政を行なったが失敗し、吉（　　　　　　）
　　　野へのがれ南朝を立てた人物はだれですか。

問210 自分の主君の暗殺に成功したが、数日後、同じ家来の武将に（　　　　　　）
　　　滅ぼされた人物はだれですか。

問211 建武の新政に対して、不満をいだいた武士をしたがえて、新（　　　　　　）
　　　たに幕府を開いた人はだれですか。

問212 鎌倉幕府三代執権で、承久の乱の後、武士が定めた最初の法（　　　　　　）
　　　律を作った人物はだれですか。

問213 運慶の弟子あるいは運慶の父の弟子と言われ、運慶と共に東（　　　　　　）
　　　大寺南大門の「金剛力士像」を作った彫刻家はだれですか。

問214 豊臣秀吉に仕えて茶道（わび茶）を大成し、茶の湯を芸術と（　　　　　　）
　　　しての茶道にまで高めた人物はだれですか。

問215 京都の北山に金閣と呼ばれる屋敷をたてた将軍はだれですか（　　　　　　）

問216 室町幕府の最後の将軍はだれですか。（　　　　　　）

問217 狩野派の門人で、「松鷹図」「牡丹図」で知られる画家を答（　　　　　　）
　　　えなさい。

問218 尾張の国の戦国大名で、関所の廃止や楽市・楽座の制度を作（　　　　　　）
　　　り、安土城を築いた人物はだれですか。

問219 元寇をしりぞけた当時の執権はだれですか。（　　　　　　）

問220 臨済宗を開き延暦寺から圧迫を受けたが、源頼朝や北条政子（　　　　　　）
　　　の保護を受け、京都・鎌倉に寺を開いた人物を答えなさい。

問221 足利義満に認められ能楽を大成した人物はだれですか。（　　　　　　）

問222 後醍醐天皇を助け建武の新政に力をつくしたが、後に建武の（　　　　　　）
　　　新政に反対し後醍醐天皇を吉野に追放して京都に幕府を開い
　　　た人物を答えなさい。

問223 幕府の根拠地である鎌倉に攻め入り、北条氏を滅ぼした武士（　　　　　　）
　　　はだれですか。

問224 水墨画を大成した人物を答えなさい。（　　　　　　）

問225 東海地方に大きな勢力を持っていたが、１５６０年、織田信（　　　　　　）
　　　長によって桶狭間の戦いでほろぼされた戦国大名はだれです
　　　か。

問226 政治の実権を鎌倉幕府より取り戻そうとして乱をおこしたが（　　　　　　）
　　　失敗し、隠岐に流された人物はだれですか。

問227 後醍醐天皇方につき１３３３年に鎌倉を攻め、建武の新政に（　　　　　　）
　　　おいて活躍したが、後に越前の藤島の戦いに敗れた人物を答
　　　えなさい。

問228 源氏の将軍がたえた後、鎌倉幕府の実権をにぎったのは何氏（　　　　　　）
　　　ですか。

問229 元のフビライ＝ハンに１７年間仕えたイタリア人の商人を答（　　　　　　）
　　　えなさい。

問230 信長や秀吉の保護を受けた茶人はだれですか。（　　　　　　）

1、後嵯峨天皇	2、後深草天皇	3、後醍醐天皇	4、後亀山天皇	（　）問209
1、今川義元	2、新田義貞	3、上杉謙信	4、明智光秀	（　）問210
1、足利尊氏	2、新田義貞	3、楠木正成	4、北条高時	（　）問211
1、北条泰時	2、北条時政	3、北条時房	4、北条時頼	（　）問212
1、貞慶	2、快慶	3、道慶	4、照慶	（　）問213
1、小林一茶	2、池大雅	3、狩野永徳	4、千利休	（　）問214
1、足利尊氏	2、足利義満	3、足利義政	4、足利義昭	（　）問215
1、足利義教	2、足利義尚	3、足利義昭	4、足利義輝	（　）問216
1、狩野永徳	2、狩野山楽	3、狩野秀頼	4、狩野探幽	（　）問217
1、織田信長	2、上杉謙信	3、豊臣秀吉	4、徳川家康	（　）問218
1、北条時政	2、北条時房	3、北条時頼	4、北条時宗	（　）問219
1、道元	2、一遍	3、法然	4、栄西	（　）問220
1、世阿弥	2、木阿弥	3、無阿弥	4、観阿弥	（　）問221
1、足利直義	2、足利尊氏	3、足利義満	4、足利義政	（　）問222
1、護良親王	2、足利尊氏	3、楠木正成	4、新田義貞	（　）問223
1、狩野永徳	2、観阿弥	3、千利休	4、雪舟	（　）問224
1、武田信玄	2、北条氏康	3、今川義元	4、毛利元就	（　）問225
1、白河上皇	2、鳥羽上皇	3、後白河上皇	4、後鳥羽上皇	（　）問226
1、新田義貞	2、北畠顕家	3、楠木正成	4、高師直	（　）問227
1、藤原氏	2、平氏	3、北条氏	4、徳川氏	（　）問228
1、三浦按針	2、マルコ＝ポーロ	3、フランシスコ＝ザビエル	4、ヴァスコ＝ダ＝ガマ	（　）問229
1、狩野永徳	2、千利休	3、阿国	4、津田宗及	（　）問230

問231　幕府を倒し、政権を朝廷にとりもどしたが、武士の反発にあ（　　　　　）
　　　い、吉野に逃れた天皇はだれですか。

問232　戦国大名のひとりで、東海地方で勢力をもっていたが、織田（　　　　　）
　　　信長との桶狭間の戦いで敗れた人物はだれですか。

問233　新古今和歌集を編集した中心人物はだれですか。　　　　　（　　　　　）

問234　足利氏の開いた幕府を室町幕府といいますが、実際に京都の（　　　　　）
　　　室町に幕府をうつした人物を答えなさい。

問235　イエズス会の宣教師で、日本にはじめてキリスト教を伝えた（　　　　　）
　　　スペイン人の名前を答えなさい。

問236　臨済宗を伝えた人物を答えなさい。　　　　　　　　　　　（　　　　　）

問237　鎌倉幕府を倒した中心人物である天皇はだれですか。　　　（　　　　　）

問238　本能寺の変で、織田信長を倒した武将はだれですか。　　　（　　　　　）

問239　越後の戦国大名で、川中島の戦いで有名な人物はだれですか（　　　　　）

問240　一向宗を開いた人物を答えなさい。　　　　　　　　　　　（　　　　　）

問241　元は鎌倉幕府の御家人であったが、幕府にそむいて六波羅探（　　　　　）
　　　題を攻め落とした人物を答えなさい。

問242　小田原の北条氏を倒し、陸奥の伊達政宗ら東北の諸大名をお（　　　　　）
　　　さえて国内統一をなしとげた人はだれですか。

問243　平氏をほろぼし、鎌倉幕府を開いた人はだれですか。　　　（　　　　　）

問244　鎌倉時代の彫刻家で、代表作に東大寺南大門の「金剛力士像（　　　　　）
　　　」がある人物はだれとだれですか。

問245　足利義政の子義尚を支持し、細川勝元と争って応仁の乱を起（　　　　　）
　　　こした人物はだれですか。

問246　法然の弟子で、念仏をとなえて阿弥陀仏の慈悲にすがるだけ（　　　　　）
　　　で救われると説き、また罪深い人こそ救われるという悪人正
　　　機の教えを説いた僧はだれですか。

問247　法華経を釈迦の説いた正しい教えとして、「南無妙法蓮華経（　　　　　）
　　　」をとなえることによって人が救われると説いた鎌倉中期の
　　　僧はだれですか。

問248　関ケ原の戦いで、豊臣方の軍を破った人物を答えなさい。　（　　　　　）

問249　幕府などの権力や世間から離れ、ひたすら座禅をするよう教（　　　　　）
　　　え、越前に永平寺を建てた人物はだれですか。

問250　法華宗を開いた僧を答えなさい。　　　　　　　　　　　　（　　　　　）

問251　１３世紀後半、日本に使者を送り服従を求めた元の皇帝はだ（　　　　　）
　　　れですか。

問252　足利義満の保護のもとで、能楽をすぐれた芸術に高め、「花（　　　　　）
　　　伝書」を著した人物はだれですか。

問253　日本に初めてキリスト教を伝えたのはだれですか。　　　　（　　　　　）

問254　長篠の戦いで織田信長にやぶれた戦国大名はだれですか。　（　　　　　）

1、天武天皇	2、後鳥羽天皇	3、後亀山天皇	4、後醍醐天皇	( )	問231
1、今川義元	2、武田勝頼	3、有馬晴信	4、大村純忠	( )	問232
1、藤原隆家	2、藤原基経	3、藤原兼通	4、藤原定家	( )	問233
1、足利義満	2、足利尊氏	3、足利義政	4、足利義教	( )	問234
1、フランシスコ=ザビエル	2、ウィリアム=アダムズ	3、シーボルト	4、ヤン=ヨーステン	( )	問235
1、法然	2、栄西	3、道元	4、一遍	( )	問236
1、後鳥羽上皇	2、桓武天皇	3、後醍醐天皇	4、後亀山天皇	( )	問237
1、徳川家康	2、毛利元就	3、明智光秀	4、足利義昭	( )	問238
1、豊臣秀吉	2、斎藤道三	3、上杉謙信	4、今川義元	( )	問239
1、法然	2、親鸞	3、栄西	4、道元	( )	問240
1、楠木正成	2、新田義貞	3、北条高時	4、足利尊氏	( )	問241
1、豊臣秀吉	2、織田信長	3、徳川家康	4、明智光秀	( )	問242
1、源頼朝	2、源義朝	3、源頼家	4、源実朝	( )	問243
1、観阿弥・世阿弥	2、一休・千利休	3、円仁・円空	4、運慶・快慶	( )	問244
1、山名宗全	2、長宗我部元親	3、今川義元	4、柴田勝家	( )	問245
1、日蓮	2、親鸞	3、法然	4、栄西	( )	問246
1、親鸞	2、法然	3、一遍	4、日蓮	( )	問247
1、徳川家康	2、石田三成	3、小西行長	4、福島正則	( )	問248
1、空海	2、親鸞	3、最澄	4、道元	( )	問249
1、法華	2、栄西	3、一遍	4、日蓮	( )	問250
1、曹操孟徳	2、フビライ=ハン	3、劉備玄徳	4、ヴァスコ=ダ=ガマ	( )	問251
1、雪舟	2、世阿弥	3、阿国	4、運慶	( )	問252
1、フランシスコ=ザビエル	2、マルコ=ポーロ	3、ウィリアム=アダムス	4、ヤン=ヨーステン	( )	問253
1、今川義元	2、武田勝頼	3、浅井長政	4、柴田勝家	( )	問254

問255　蒙古高原のモンゴル民族をしたがえ、中国北部から西アジア・南ロシアにいたる大帝国の基礎を築いた人物はだれですか（　　　）

問256　山名宗全と対立し、応仁の乱をおこした室町時代の武将はだれですか。（　　　）

問257　１３世紀の末に中国各地を旅行し、帰国後、その旅行の体験を書いた「東方見聞録」を著したイタリアの商人はだれですか。（　　　）

問258　能楽を大成した親子はだれですか。（　　　）

問259　室町幕府８代将軍で、１４８９年に京都の東山に銀閣を建てた人物はだれですか。（　　　）

問260　モンゴル民族を統一し、１２０６年に汗の位につきモンゴル帝国をつくった人物はだれですか。（　　　）

問261　茶道を大成した人はだれですか。（　　　）

問262　足利義満にならって、京都の東山に別荘を建てた将軍はだれですか。（　　　）

問263　足利義政の弟義視を支持し、山名宗全と争って応仁の乱を起こした人物はだれですか。（　　　）

問264　１１９２年、鎌倉に幕府を開いた人物を答えなさい。（　　　）

問265　南北朝を合一し、日明貿易をおこない、金閣という豪華な別荘を建て、能楽を保護した人物を答えなさい。（　　　）

問266　茶の湯をもって信長・秀吉に仕え、わび茶を大成した堺の商人で、のちに秀吉の怒りにふれ自害した人物を答えなさい。（　　　）

問267　１３世紀初め、モンゴル民族を統一し、「ハン」の地位についた人物を答えなさい。（　　　）

問268　宋に留学し、帰国後臨済宗を広めたを答えなさい。（　　　）

問269　建武の新政を行った人物はだれですか。（　　　）

問270　法然の弟子で、阿弥陀仏を信じる心をおこせば悪人でも救われると説いた人はだれですか。（　　　）

問271　応仁の乱は何将軍の時代におこりましたか。（　　　）

問272　桶狭間の戦いで織田信長にやぶれた戦国大名を答えなさい。（　　　）

問273　室町幕府をほろぼした人物はだれですか。（　　　）

問274　武田信玄との川中島の合戦で有名な越後の戦国大名はだれですか。（　　　）

問275　鎌倉を中心に法華経の教えを説き、他の宗教を厳しく批判し、立正安国論を著した人物はだれですか。（　　　）

問276　鎌倉新仏教の開祖の一人で、浄土真宗を開いた人物を答えなさい。（　　　）

1、ウィリアム＝アダムズ	2、チンギス＝ハン	3、ヤン＝ヨーステン	4、マグナ＝カルタ	（　）	問255
1、細川勝元	2、毛利元就	3、長宗我部元親	4、織田信長	（　）	問256
1、バスコ＝ダ＝ガマ	2、コロンブス	3、マルコ＝ポーロ	4、マゼラン	（　）	問257
1、運慶、快慶	2、観阿弥、世阿弥	3、狩野永徳、狩野山楽	4、林羅山、林子平	（　）	問258
1、足利義昭	2、足利尊氏	3、足利義満	4、足利義政	（　）	問259
1、チンギス＝ハン	2、フビライ＝ハン	3、モンゴル＝ハン	4、ロドリゴ＝ハン	（　）	問260
1、十利休	2、百利休	3、千利休	4、万利休	（　）	問261
1、足利尊氏	2、足利義満	3、足利義昭	4、足利義政	（　）	問262
1、赤松満祐	2、細川勝元	3、今川義元	4、柴田勝家	（　）	問263
1、北条時政	2、源範頼	3、源頼朝	4、足利尊氏	（　）	問264
1、足利直義	2、足利尊氏	3、足利義満	4、足利義政	（　）	問265
1、千利休	2、狩野永徳	3、宗祇	4、雪舟	（　）	問266
1、劉備玄徳	2、チンギス＝ハン	3、マルコ＝ポーロ	4、洪秀全	（　）	問267
1、日蓮	2、道元	3、栄西	4、法然	（　）	問268
1、後白河天皇	2、後醍醐天皇	3、後三条天皇	4、後鳥羽天皇	（　）	問269
1、道元	2、栄西	3、親鸞	4、日蓮	（　）	問270
1、足利尊氏	2、足利義満	3、足利義政	4、足利義光	（　）	問271
1、今川義元	2、武田勝頼	3、明智光秀	4、有馬晴信	（　）	問272
1、北条早雲	2、松永久秀	3、織田信長	4、上杉謙信	（　）	問273
1、毛利元就	2、上杉謙信	3、今川義元	4、長宗我部元親	（　）	問274
1、日蓮	2、一遍	3、道元	4、栄西	（　）	問275
1、栄西	2、道元	3、法然	4、親鸞	（　）	問276

江戸時代

問277 日米修好通商条約を結んだ、日本の代表者はだれですか。（　　）

問278 オランダ商館員医として長崎に来たドイツの医者で、鳴滝塾（　　）を開いて医学を教えたが、後の１８２８年日本の地図を海外に持出そうとした事件で日本を追放された人物はだれですか

問279 ヤン＝ヨーステンの日本名は何ですか。（　　）

問280 寛政の改革を行なった人物はだれですか。（　　）

問281 「東海道五十三次」で有名な江戸後期の浮世絵師を答えなさい。（　　）

問282 豊臣秀吉の死後、徳川家康の家来となり、徳川幕府のもとで（　　）仙台藩主となった、奥州の戦国大名はだれですか。

問283 国後・択捉を探検し「大日本恵土呂布」の領土標識をたてた（　　）江戸後期の探検家はだれですか。

問284 第８代将軍で、享保の改革を行ない、積極的に幕府政治を改（　　）革した人物を答えなさい。

問285 徳川吉宗に認められて江戸町奉行となり、のちに名奉行とい（　　）われた人物はだれですか。

問286 １６００年、リーフデ号でヤン＝ヨーステンらと豊後国に漂（　　）着したイギリス人を答えなさい。

問287 青木昆陽に蘭学を学び、杉田玄白らと「解体新書」を翻訳し（　　）た人物はだれですか。

問288 京都や大坂（大阪）で町人の実力が高まり、町人の文化が発（　　）達した時代、浄瑠璃の脚本を書いて人気を博した作家はだれですか。

問289 享保の改革を行った将軍はだれですか。（　　）

問290 「好色一代男」「日本永代蔵」「世間胸算用」などの作品で（　　）有名な、江戸時代の浮世草子作家を答えなさい。

問291 寛政の改革を行なった江戸幕府の老中はだれですか。（　　）

問292 井伊直弼と日米修好通商条約を結んだ人物はだれですか。（　　）

問293 仮名草子を文学にまで高め、「日本永代蔵」・「世間胸算用（　　）」・「好色一代男」などの作品を書いた元禄時代の作家はだれですか。

問294 日本人の海外発展を止めてしまったが、国内的には封建制度（　　）を安定させ長い平和のもとを築いた人物を答えなさい。

問295 万延元年３月３日、桜田門外で自分の意見に反対する人たち（　　）におそわれて殺された幕府の大老はだれですか。

問296 アメリカ駐日総領事、下田、日米修好通商条約から連想され（　　）る人物を答えなさい。

問297 生類憐みの令を出し、犬公方とよばれた人物を答えなさい。（　　）

1、徳川斉昭	2、井伊直弼	3、堀田正俊	4、孝明天皇	( )	問277
1、ラクスマン	2、シーボルト	3、レザノフ	4、フェートン	( )	問278

1、三浦按針	2、耶揚子	3、原マルチノ	4、山田洋介	( )	問279
1、徳川吉宗	2、田沼意次	3、松平定信	4、水野忠邦	( )	問280
1、十返舎一九	2、安藤広重	3、葛飾北斎	4、東洲斎写楽	( )	問281
1、島津光久	2、有馬晴信	3、伊達政宗	4、福島正則	( )	問282
1、近藤重蔵	2、間宮林蔵	3、伊能忠敬	4、安藤広重	( )	問283
1、徳川家吉	2、徳川正宗	3、徳川吉宗	4、徳川吉康	( )	問284
1、青木昆陽	2、前野良沢	3、大岡忠相	4、水野忠邦	( )	問285
1、ウイリアム＝アダムス	2、ヴァリニャーニ	3、ザビエル	4、バスコ＝ダ＝ガマ	( )	問286
1、杉田玄白	2、前野良沢	3、平賀源内	4、本居宣長	( )	問287
1、竹本義太夫	2、近松門左衛門	3、井原西鶴	4、菱川師宣	( )	問288
1、徳川綱吉	2、徳川家宣	3、徳川吉宗	4、徳川家治	( )	問289
1、近松門左衛門	2、井原西鶴	3、東洲斉写楽	4、菱川師宣	( )	問290
1、新井白石	2、田沼意次	3、水野忠邦	4、松平定信	( )	問291
1、ペリー	2、ハリス	3、プーチャー	4、ロッシュ	( )	問292
1、市川団十郎	2、井原西鶴	3、松尾芭蕉	4、近松門左衛門	( )	問293
1、織田信長	2、豊臣秀吉	3、徳川家康	4、徳川家光	( )	問294
1、安藤信正	2、吉田松陰	3、井伊直弼	4、阿部正弘	( )	問295
1、ペリー	2、ハリス	3、クラーク	4、ラクスマン	( )	問296
1、徳川家光	2、徳川家綱	3、徳川綱吉	4、徳川吉宗	( )	問297

問298 「東海道中膝栗毛」を代表作品とする滑稽（こっけい）本の（　　　　　）
　　　作家を答えなさい。
問299 貧しい人を救うために大坂（大阪）で乱をおこした、大坂町（　　　　　）
　　　奉行の元与力はだれですか。
問300 大政奉還を行った将軍はだれですか。（　　　　　）
問301 古典の研究を通して古代の日本人の精神を明らかにした、「（　　　　　）
　　　古事記伝」の著者はだれですか。
問302 関ケ原の戦いで石田三成を破った人物を答えなさい。（　　　　　）
問303 スイスの銀行家で、イタリアの統一戦争のとき死傷者の救助（　　　　　）
　　　にあたり、ノーベル平和賞を受賞した、赤十字社の設立を提
　　　唱した人物を答えなさい。
問304 天保の改革を行なった人物はだれですか。（　　　　　）
問305 徳川第３代将軍で秀忠の２男である人物を答えなさい。（　　　　　）
問306 ９代家重・１０代家治両将軍のもとで実権を握った老中はだ（　　　　　）
　　　れですか。
問307 幕府の諸法度・職制・軍制や参勤交代の制度を確立し、対外（　　　　　）
　　　的には鎖国政策をとって幕府の体制をほぼ完成した人物はだ
　　　れですか。
問308 化政文化期の浮世絵画家で、叙情的・情緒的な風景画や俳諧（　　　　　）
　　　的な花鳥画に優れた人物を答えなさい。
問309 江戸時代、国後、択捉島などを探検し、択捉に「大日本恵登（　　　　　）
　　　呂府」の標柱をたてた人はだれですか。
問310 尾張の農民出身で、信長の死後天下を統一した人物はだれで（　　　　　）
　　　すか。
問311 江戸後期の蘭学者でオランダ医学を研究し、前野良沢らと「（　　　　　）
　　　解体新書」を翻訳した人物はだれですか。
問312 領内の寺院の整理、農業の奨励など領地をうまく治めた名君（　　　　　）
　　　で、「大日本史」の編纂を行った人物はだれですか。
問313 「南総里見八犬伝」を書いた、江戸後期の読本作家を答えな（　　　　　）
　　　さい。
問314 日本全国を測量し、「大日本沿海輿地全図」という日本地図（　　　　　）
　　　を作った人はだれですか。
問315 江戸時代、シャムに移住し国王に使えた日本人はだれですか（　　　　　）
問316 将軍家宣・家継につかえて文治政治を行なった朱子学者はだ（　　　　　）
　　　れですか。
問317 文治政治につとめたが、のちに側用人政治の弊害を生じた、（　　　　　）
　　　徳川５代将軍はだれですか。
問318 島原の乱の中心人物はだれでしたか。（　　　　　）

1、井原西鶴	2、滝沢馬琴	3、十返舎一九	4、近藤重蔵	( )	問298
1、天草四郎時貞	2、生田万	3、大塩平八郎	4、為永春水	( )	問299
1、徳川慶福	2、徳川慶喜	3、徳川慶良	4、徳川慶優	( )	問300
1、平賀源内	2、杉田玄白	3、前野良沢	4、本居宣長	( )	問301
1、徳川家光	2、徳川家綱	3、徳川家康	4、徳川秀忠	( )	問302
1、ヘンリー＝デュナン	2、アンリ＝デュナン	3、ロバルト＝デュナン	4、マイク＝デュナン	( )	問303
1、徳川吉宗	2、田沼意次	3、松平定信	4、水野忠邦	( )	問304
1、徳川家康	2、徳川綱吉	3、徳川家光	4、徳川光圀	( )	問305
1、松平定信	2、水野忠邦	3、大岡忠相	4、田沼意次	( )	問306
1、徳川秀忠	2、徳川家光	3、徳川家綱	4、徳川綱吉	( )	問307
1、喜多川歌麿	2、葛飾北斎	3、安藤広重	4、東洲斎写楽	( )	問308
1、近藤重蔵	2、間宮林蔵	3、伊能忠敬	4、最上徳内	( )	問309
1、石田三成	2、明智光秀	4、毛利元就	4、豊臣秀吉	( )	問310
1、杉田玄白	2、前野良沢	3、平賀源内	4、本居宣長	( )	問311
1、徳川秀忠	2、徳川家忠	3、徳川光圀	4、徳川秀康	( )	問312
1、井原西鶴	2、滝沢馬琴	3、十返舎一九	4、近藤重蔵	( )	問313
1、林子平	2、間宮林蔵	3、伊能忠敬	4、杉田玄白	( )	問314
1、山田長政	2、末次平蔵	3、角倉了以	4、高山右近	( )	問315
1、水野忠邦	2、新井白石	3、田沼意次	4、松平定信	( )	問316
1、徳川家綱	2、徳川家治	3、徳川家吉	4、徳川綱吉	( )	問317
1、山田長政	2、天草四郎時貞	3、松平信綱	4、ウイリアム＝アダムス	( )	問318

問319　約２００年にわたる鎖国が終り、新しい時代を築くきっかけ（　　　　　）
となった通商条約を、朝廷や大名などの反対をおさえてアメリカ合衆国とむすんだ、幕府の大老を答えなさい。

問320　幕府の儒官として家康から家光に仕えた朱子学者で、林家の（　　　　　）
祖である人物はだれですか。

問321　日本と条約を結んで、下田・函館を港として開かせた人物は（　　　　　）
だれですか。

問322　天保のききんのときに、みずからの家や書物を売り人々を助（　　　　　）
けようとし、のちに一揆をおこして大商人をおそった大坂（大阪）の陽明学者はだれか。

問323　写生的ではなやかな明るい句を多く残した、江戸後期の俳人（　　　　　）
であり画家である人物を答えなさい。

問324　１６１３年、伊達政宗の命を受けメキシコ、スペインをへて（　　　　　）
、ローマ法王にあった人物を答えなさい。

問325　１８５４年、幕府とのあいだに、日米和親条約を結んだ人物（　　　　　）
を答えなさい。

問326　「古池や蛙とびこむ水の音」という句で知られる元禄の俳人（　　　　　）
はだれですか。

問327　「大日本史」の編集を行った水戸藩主で、水戸黄門の名で親（　　　　　）
しまれた名君はだれですか。

問328　元禄文化は、何将軍のころに栄えた文化ですか。　　　　　（　　　　　）

問329　貿易商人としてシャムに渡り、シャムの日本人町で活躍した（　　　　　）
人物はだれですか。

問330　中津藩下級武士の出身で、江戸幕府による身分差別に強い疑（　　　　　）
問をもち、ヨーロッパの近代的な考えを学んだ人物を答えなさい。

問331　江戸時代、６代将軍家宣、７代将軍家継に重く用いられ、政（　　　　　）
治の改革を行った学者はだれですか。

問332　武家諸法度を定め、大名を厳しく取り締まった将軍を答えな（　　　　　）
さい。

問333　徳川家斉・家慶のときの老中で、文化・文政以来の幕府のゆ（　　　　　）
きづまった政治をたてなおすために「株仲間の解散」「人返し令」「上知令」など改革を行った人物はだれですか。

問334　シャムの日本人町アユチアの頭となり、国王の信任を受けリ（　　　　　）
ゴール太守の地位についた人物はだれですか。

問335　松下村塾を開いて、多くの人材を育てた幕末の思想家はだれ（　　　　　）
ですか。

問336　３０数年の歳月をかけて古事記を研究し、「古事記伝」を著（　　　　　）
した人は、だれですか。

問337　米価が上がって苦しむ下層民の困窮を救うため一揆をおこし（　　　　　）
た、大阪町奉行の役人で学者であった人物はだれですか。

1、水野忠邦	2、井伊直弼	3、徳川斉昭	4、松平定信	（　）	問319
1、藤原惺窩	2、新井白石	3、山崎闇斎	4、林羅山	（　）	問320
1、ハリス	2、パークス	3、マッカーサー	4、ペリー	（　）	問321
1、平賀源内	2、由井正雪	3、熊沢蕃山	4、大塩平八郎	（　）	問322
1、松尾芭蕉	2、与謝蕪村	3、与謝野晶子	4、正岡子規	（　）	問323
1、支倉常長	2、田中勝介	3、山田長政	4、角倉了以	（　）	問324
1、ラクスマン	2、ハリス	3、ペリー	4、プチャーチン	（　）	問325
1、松尾芭蕉	2、小林一茶	3、正岡子規	4、与謝蕪村	（　）	問326
1、徳川家光	2、徳川秀忠	3、徳川光圀	4、徳川家光	（　）	問327
1、徳川家光	2、徳川綱吉	3、徳川吉宗	4、徳川家治	（　）	問328
1、支倉常長	2、山田長政	3、三浦按針	4、林羅山	（　）	問329
1、緒方洪庵	2、西周	3、森有礼	4、福沢諭吉	（　）	問330
1、由井正雪	2、堀田正俊	3、柳沢吉保	4、新井白石	（　）	問331
1、徳川家光	2、徳川家宣	3、徳川秀忠	4、徳川家綱	（　）	問332
1、水野忠邦	2、松平定信	3、田沼意次	4、井伊直弼	（　）	問333
1、ウィリアム・アダムズ	2、ヤン・ヨーステン	3、シャクシャイン	4、山田長政	（　）	問334
1、本居宣長	2、伊能忠敬	3、高野長英	4、吉田松陰	（　）	問335
1、本居宣長	2、前野良沢	3、伊能忠敬	4、賀茂真淵	（　）	問336
1、橋本左内	2、大塩平八郎	3、平賀源内	4、生田万	（　）	問337

問338　蘭学・儒学・国学などを学び、エレキテルや寒暖計を発明し（　　　　）
　　　　た、江戸時代の科学者・小説家はだれですか。

問339　江戸時代、樺太を探検し樺太が島であることを確認した人は（　　　　）
　　　　だれですか。

問340　江戸っ子の弥次郎兵衛と喜多八のおもしろ話を書いた滑稽（（　　　　）
　　　　こっけい）本の作家はだれですか。

問341　客観的・情緒的な画風を持ち味とし、風景画にすぐれた化政（　　　　）
　　　　文化期の浮世絵師を答えなさい。

問342　ききんの代食としてすぐれたものであるとして、さつまいも（　　　　）
　　　　の栽培法を書物に著した人物はだれですか。

問343　幕末に幕府の大老となり、自説に反対した人々を安政の大獄（　　　　）
　　　　で処ばつした彦根藩主はだれですか。

問344　１６１３年、家臣の支倉常長をローマに派遣した、江戸時代（　　　　）
　　　　の有力な外様大名を答えなさい。

問345　徳川家康の外交や貿易の顧問として活躍したオランダ人はだ（　　　　）
　　　　れですか。

問346　「見返り美人図」が代表作である、元禄時代の浮世絵画家は（　　　　）
　　　　だれですか。

問347　参勤交代を義務づけた将軍はだれですか。　　　　　　　　（　　　　）

問348　寒暖計の作成、摩擦起電機の発明などを行った、江戸時代の（　　　　）
　　　　科学者であり文学者である人物を答えなさい。

問349　１６０３年、征夷大将軍となり江戸幕府を開いた人物を答え（　　　　）
　　　　なさい。

問350　質素倹約を中心に大きな改革を行った、白河藩主で、１７８（　　　　）
　　　　７年老中になった人物はだれですか。

問351　１８５３年、４隻の軍艦をひきいて浦賀に来航したアメリカ（　　　　）
　　　　の軍人を答えなさい。

問352　１１代将軍家斉の死後、国の内外の危機を乗り切るために天（　　　　）
　　　　保の改革を行なった人物を答えなさい。

問353　儒学を学び後に長崎で蘭学を学んだ学者で、とくにサツマイ（　　　　）
　　　　モの栽培の研究で有名な人物はだれですか。

問354　元禄時代の浄瑠璃作家で、町人の生活や人情、世相を書いた（　　　　）
　　　　人物はだれですか。

問355　文治政治をあらため、武断政治に切り替えた江戸時代の将軍（　　　　）
　　　　はだれですか。

問356　徳川家康に仕え、三浦按針と名乗り、ヨーロッパの先進の技（　　　　）
　　　　術を伝えたイギリス人はだれですか。

問357　ウイリアム＝アダムズの日本名を答えなさい。　　　　　　（　　　　）

問358　大政奉還を行ない、天皇に政権を返還した人物はだれですか（　　　　）

問359　江戸後期の地理学者で、幕府の命令で全国を測量し、日本最（　　　　）
　　　　初の実測地図を完成した人物はだれですか。

1、青木昆陽	2、本居宣長	3、賀茂真淵	4、平賀源内	( )	問338
1、近藤重蔵	2、間宮林蔵	3、伊能忠敬	4、最上徳内	( )	問339
1、吉田兼好	2、式亭三馬	3、上田秋成	4、十返舎一九	( )	問340
1、十返舎一九	2、安藤広重	3、葛飾北斎	4、東洲斎写楽	( )	問341
1、大槻玄沢	2、青木昆陽	3、緒方洪庵	4、稲村三伯	( )	問342
1、井伊直弼	2、徳川斉昭	3、一橋慶喜	4、松平慶永	( )	問343
1、島津家久	2、伊達政宗	3、福島正則	4、上杉謙信	( )	問344
1、ヴァリニャーニ	2、ルイス=フロイス	3、ドン=ロドリゴ	4、ヤン=ヨーステン	( )	問345
1、菱川師宣	2、葛飾北斎	3、歌川広重	4、喜多川歌麿	( )	問346
1、徳川家康	2、徳川秀忠	3、徳川家光	4、徳川家綱	( )	問347
1、杉田玄白	2、前野良沢	3、平賀源内	4、シーボルト	( )	問348
1、徳川家康	2、徳川吉宗	3、徳川家光	4、徳川綱吉	( )	問349
1、新井白石	2、大岡忠相	3、松平定信	4、水野忠邦	( )	問350
1、ペリー	2、ラスクマン	3、ハリス	4、プチャーチン	( )	問351
1、大岡忠相	2、田沼意次	3、松平定信	4、水野忠邦	( )	問352
1、青木昆陽	2、前野良沢	3、平賀源内	4、ウィリアム=アダムス	( )	問353
1、近松門左衛門	2、井原西鶴	3、十返舎一九	4、滝沢馬琴	( )	問354
1、徳川家宣	2、徳川家継	3、徳川吉宗	4、徳川家重	( )	問355
1、フランシスコ=ザビエル	2、ウイリアム=アダムズ	3、シーボルト	4、ヤン=ヨーステン	( )	問356
1、小泉八雲	2、支倉常長	3、中浦ジュリアン	4、三浦按針	( )	問357
1、徳川家斉	2、徳川慶喜	3、徳川家光	4、徳川吉宗	( )	問358
1、本居宣長	2、平賀源内	3、伊能忠敬	4、前野良沢	( )	問359

問360 日米修好通商条約を結んだ、アメリカの代表者はだれですか（　　　　　）。

問361 江戸後期の探検家で、樺太が島であることを発見した人物は（　　　　　）だれですか。

問362 農民およびキリシタンの一揆の時の頭で、本名を益田時貞と（　　　　　）いう人物はだれですか。

問363 享保の改革の一貫で江戸町奉行に用いられ、名奉行として知（　　　　　）られる人物はだれですか。

問364 徳川吉宗の命により長崎で蘭学を学び、またききんにそなえ（　　　　　）てサツマイモを栽培することを奨励した学者はだれですか。

問365 江戸時代、朱子学を幕府の官学として勧め、江戸の湯島に孔（　　　　　）子の聖堂を建てた将軍はだれですか。

問366 関流と呼ばれる日本の数学「和算」を創始した人物はだれで（　　　　　）すか。

問367 儒教は、だれの説いた教えですか。（　　　　　）

問368 俳諧を芸術まで高め、今日の俳句の先駆けとなった、「奥の（　　　　　）細道」を書いた人はだれですか。

問369 室町幕府を滅ぼし、天下を目前にしたが、家来の明智光秀に（　　　　　）本能寺で暗殺された戦国大名はだれですか。

問370 幕府の命令で樺太を探検し、発見した海峡の名前として残っ（　　　　　）ている探検家はだれですか。

問371 １７９８年に、現在の北方領土の一部を探検し、そこに「大（　　　　　）日本恵土呂府」の標柱をたて日本固有の領土であることを示した人物を答えなさい。

問372 江戸時代、「古事記伝」を著し、国学を大成した人物はだれ（　　　　　）ですか。

問373 幕府の命令で日本全国を測量し、１９世紀の初めとしてはた（　　　　　）いへん正確な地図を作った人物はだれですか。

問374 藤原惺窩を師とし、徳川家康に仕えた朱子学者で、上野の忍（　　　　　）岡に私塾を開いた人物はだれですか。

問375 杉田玄白らとターヘルアナトミアの翻訳を行って「解体新書（　　　　　）」を刊行し、オランダ語とオランダ医学の研究に貢献した蘭学者で医者である人物はだれですか。

問376 江戸幕府最後の将軍はだれですか。（　　　　　）

問377 「西洋紀聞」という本を書き、６代将軍家宣に用いられ、正（　　　　　）徳の治と呼ばれる政治を行った人物はだれですか。

問378 １６３７年起こった、原城にたてこもり幕府側と戦った反乱（　　　　　）の中心人物を答えなさい。

問379 元禄時代の作家で、仮名草子を浮世草子として完成させた人（　　　　　）物はだれですか。

問380 第３代将軍で、参勤交代の制度を定めるとともに、鎖国を完（　　　　　）成させた人物を答えなさい。

1、ラクスマン	2、プチャーチン	3、ハリス	4、ペリー	（　）	問360
1、近藤重蔵	2、間宮林蔵	3、最上徳内	4、高野長英	（　）	問361
1、天草四郎	2、大塩平八郎	3、由井正雪	4、生田万	（　）	問362
1、大塩平八郎	2、大村益次郎	3、大岡忠相	4、大伴家持	（　）	問363
1、宮崎安貞	2、新井白石	3、二宮尊徳	4、青木昆陽	（　）	問364
1、徳川家光	2、徳川綱吉	3、徳川家宣	4、徳川吉宗	（　）	問365
1、宮崎安貞	2、関孝和	3、安井算哲	4、貝原益軒	（　）	問366
1、シャカ	2、孟子	3、老子	4、孔子	（　）	問367
1、与謝蕪村	2、小林一茶	3、柄井川柳	4、松尾芭蕉	（　）	問368
1、柴田勝家	2、織田信長	3、今川義元	4、石田光成	（　）	問369
1、間宮林蔵	2、伊能忠敬	3、近藤重蔵	4、林子平	（　）	問370
1、近藤重蔵	2、伊能忠敬	3、本居宣長	4、間宮林蔵	（　）	問371
1、賀茂真淵	2、荷田春満	3、平田篤胤	4、本居宣長	（　）	問372
1、伊能忠敬	2、本居宣長	3、間宮林蔵	4、近藤重蔵	（　）	問373
1、南村梅軒	2、林羅山	3、中江藤樹	4、新井白石	（　）	問374
1、前野良沢	2、林羅山	3、高野長英	4、平賀源内	（　）	問375
1、徳川慶喜	2、徳川家定	3、徳川家茂	4、徳川定信	（　）	問376
1、孔子	2、新井白石	3、松平定信	4、本居宣長	（　）	問377
1、大塩平八郎	2、生田万	3、天草四郎	4、渡辺崋山	（　）	問378
1、菱川師宣	2、近松門左衛門	3、尾形光琳	4、井原西鶴	（　）	問379
1、徳川秀忠	2、徳川家光	3、徳川家綱	4、徳川綱吉	（　）	問380

問381 倹約をすすめ、上げ米の制を行ない、新田の開発や学問・武芸を奨励し、幕府の再建をはかった人物はだれですか。（　　　）

問382 １８５３年に浦賀にやってきたアメリカ人を答えなさい。（　　　）

問383 家康にまねかれて幕府の学問・教育の顧問となり、３代将軍家光からは学問所がさずけられた、江戸時代の代表的な朱子学者である人物はだれですか。（　　　）

問384 天下分け目の戦いに勝ち、２６４年にわたる武家政権の基礎を築いた人物を答えなさい。（　　　）

問385 大商人の力を利用し、積極的な経済政策を進めたが、「わいろ政治」と批判を浴びた江戸時代の政治家を答えなさい。（　　　）

問386 ヨーロッパの高等数学にも劣らない水準の和算を創始した人物はだれですか。（　　　）

問387 元禄時代の浮世草子作家で、当時の武士や町人の生活や心情をありのままに書いた人物はだれですか。（　　　）

問388 日本独特の「和算」と呼ばれる数学を発展させた、元禄時代の数学者はだれですか。（　　　）

問389 オランダの解剖書「ターヘル・アナトミア」を翻訳した人は杉田玄白ともう一人はだれですか。（　　　）

問390 １８５３年来航、１９５４年条約締結、アメリカ人、から連想される人物を答えなさい。（　　　）

問391 田沼父子の悪政と天明のききんによってゆきづまった幕府の財政をたてなおすために、厳しすぎると不評ではあったが、寛政の改革を行った人物はだれですか。（　　　）

問392 江戸時代の初期、ローマ法王のもとへ行った伊達政宗の家臣はだれですか。（　　　）

問393 家康の３男である、江戸幕府第２代将軍はだれですか。（　　　）

問394 「曽根崎心中」「心中天網島」「国姓爺合戦」などを著わした元禄時代の作家を答えなさい。（　　　）

問395 オランダの解剖書「ターヘル・アナトミア」を翻訳した人は前野良沢ともう一人はだれですか。（　　　）

問396 江戸幕府を開いた人物はだれですか。（　　　）

問397 １８５３年大老になり、多くの反対をおしきって開国を決断し、日米修好通商条約を結んだ人物を答えなさい。（　　　）

問398 徳川家康の外交や貿易の顧問として活躍したイギリス人はだれですか。（　　　）

問399 芭蕉庵に住み、多くの日々を旅にすごし、また旅先で倒れ亡くなった俳人を答えなさい。（　　　）

問400 鳴滝塾、江戸時代後期、ドイツ人医師、長崎、医学を教えた、から連想される人物を答えなさい。（　　　）

問401 俳諧連歌の発句を独立させて芸術性の高い俳句を大成した元禄時代の俳人はだれですか。（　　　）

1、足利義満	2、北条時宗	3、平清盛	4、徳川吉宗	( )	問381
1、ラクスマン	2、フィリップ2世	3、、ペリー	4、エリザベス1世	( )	問382
1、林羅山	2、林子平	3、林信篤	4、林銑十郎	( )	問383
1、豊臣秀吉	2、織田信長	3、伊達政宗	4、徳川家康	( )	問384
1、田沼沖次	2、田沼意次	3、田沼置次	4、田沼置継	( )	問385
1、安藤昌益	2、緒方洪庵	3、杉田玄白	4、関孝和	( )	問386
1、近松門左衛門	2、井原西鶴	3、十返舎一九	4、滝沢馬琴	( )	問387
1、渋川春海	2、関孝和	3、貝原益軒	4、宮崎安貞	( )	問388
1、山脇東洋	2、新井白石	3、塙保己一	4、前野良沢	( )	問389
1、ハリス	2、シーボルト	3、ビッドル	4、ペリー	( )	問390
1、松平定信	2、新井白石	3、大岡忠相	4、水野忠邦	( )	問391
1、三浦按針	2、支倉常長	3、田中勝介	4、耶揚子	( )	問392
1、徳川綱吉	2、徳川秀忠	3、徳川家光	4、徳川光圀	( )	問393
1、松尾芭蕉	2、尾形光琳	3、井原西鶴	4、近松門左衛門	( )	問394
1、賀茂真淵	2、本居宣長	3、杉田玄白	4、安藤昌益	( )	問395
1、源頼朝	2、徳川家康	3、足利尊氏	4、北条泰時	( )	問396
1、西郷隆盛	2、大久保利通	3、吉田松陰	4、井伊直弼	( )	問397
1、フランシスコ=ザビエル	2、ビレイラ	3、千々石ミゲル	4、ウイリアム=アダムズ	( )	問398
1、与謝蕪村	2、小林一茶	3、松尾芭蕉	4、正岡子規	( )	問399
1、フランシスコ=ザビエル	2、ウィリアム=アダムズ	3、シーボルト	4、ヤン=ヨーステン	( )	問400
1、小林一茶	2、与謝蕪村	3、松尾芭蕉	4、井原西鶴	( )	問401

問402 天皇に大政奉還をした江戸幕府の１５代将軍はだれですか。（　　　　）

問403 江戸時代初期、シャムの日本人町の頭領となり、シャムの国（　　　　）
王をたすけて高い地位についた日本人はだれですか。

問404 伊勢、松坂の商人の家に生まれ、「古事記」をふかく研究し（　　　　）
て国学を大成した人物はだれですか。

問405 オランダ商館の医師として来日し、長崎郊外に鳴滝塾を開い（　　　　）
たドイツ人はだれですか。

問406 前野良沢らとともにオランダから輸入された「ターヘル・ア（　　　　）
ナトミア」という解剖学の本を日本語に翻訳した医学者はだ
れですか。

1、徳川家斉　　2、徳川家定　　3、徳川家慶　　4、徳川慶喜　　（　）　問402

1、支倉常長　　2、田中勝介　　3、山田長政　　4、角倉了以　　（　）　問403

1、平田篤胤　　2、本居宣長　　3、賀茂真淵　　4、荷田春満　　（　）　問404

1、シーボルト　2、クラーク　　3、ラクスマン　4、フェートン　（　）　問405

1、本居宣長　　2、新井白石　　3、高野長英　　4、杉田玄白　　（　）　問406

明治、大正、昭和、平成

問407　大日本帝国憲法や教育勅語を制定し、強力な近代天皇制国家（　　　）を確立した人物を答えなさい。

問408　日英同盟・日露戦争の処理にあたり、後に韓国併合・条約改（　　　）正にも活躍し、関税自主権を回復した外務大臣はだれですか。

問409　鹿児島の、不満をもった士族のかしらにまつりあげられ、西（　　　）南戦争をおこした人物を答えなさい。

問410　大日本帝国憲法の草案をつくるため、ヨーロッパ諸国を調査（　　　）した人はだれですか。

問411　明治初期、近代的な郵便制度制定に大変努力し、「郵便・郵（　　　）便切手」などの名称をつくった人物はだれですか。

問412　伊藤博文内閣の外務大臣として条約改正に努力し、日清戦争（　　　）直前にイギリスとの間で、治外法権廃止の条約改正に成功した人物はだれですか。

問413　ナチスドイツに迫害されていたユダヤ人に日本通過のビザを（　　　）発行し、６０００人もの人命を救った外交官はだれですか。

問414　鉄の合金の研究を進め、ＫＳ鋼という強力な磁石を発明した（　　　）物理学・冶金学者を答えなさい。

問415　１９８１年、ノーベル化学賞を受賞した日本人を答えなさい（　　　）

問416　連合国の最高指令官で、極東軍事裁判など占領政策を行った（　　　）が、後に日本の正当性も認めた人物を答えなさい。

問417　維新の三傑とは、西郷隆盛、木戸孝允ともう一人はだれです（　　　）か。

問418　１８７６年、北海道の開拓使の招きで札幌農学校の創設に努（　　　）力したキリスト教徒を答えなさい。

問419　イタリアの政治家でファシスト党を率い、イタリアを第二次（　　　）世界大戦にまきこんだ人物を答えなさい。

問420　「慶応義塾」の創設、「学問ノススメ」「西洋事情」の著作（　　　）でしられる人物はだれですか。

問421　サンフランシスコ講和会議でアメリカ、イギリスなど４８か（　　　）国と平和条約を結んだ日本国の全権はだれですか。

問422　日本人で２番目にノーベル文学賞を受賞した人はだれですか（　　　）。

問423　１９１８年に、日本ではじめての本格的な政党内閣をつくっ（　　　）た人物はだれですか。

問424　維新の三傑とは、大久保利通、木戸孝允ともう一人はだれで（　　　）すか。

問425　「雪国」「伊豆の踊子」を著した作家はだれですか。　　　（　　　）

問426　内閣制度をつくり、最初の内閣総理大臣になった人物はだれ（　　　）ですか。

1、孝明天皇　　　2、明治天皇　　　3、大正天皇　　　4、昭和天皇　　　（　）　　問407

1、小村寿太郎　　2、岩倉具視　　　3、陸奥宗光　　　4、前島密　　　　（　）　　問408

1、大久保利通　　2、坂本竜馬　　　3、西郷隆盛　　　4、木戸孝允　　　（　）　　問409

1、大隈重信　　　2、板垣退助　　　3、伊藤博文　　　4、大久保利通　　（　）　　問410

1、板垣退助　　　2、岩倉具視　　　3、大久保利通　　4、前島密　　　　（　）　　問411

1、小村寿太郎　　2、岩倉具視　　　3、陸奥宗光　　　4、前島密　　　　（　）　　問412

1、杉原千畝　　　2、陸奥宗光　　　3、小村寿太郎　　4、吉野作造　　　（　）　　問413

1、高峰譲吉　　　2、木村栄　　　　3、長岡半太郎　　4、本多光太郎　　（　）　　問414

1、福井謙一　　　2、江崎玲於奈　　3、朝永振一郎　　4、利根川進　　　（　）　　問415
1、ルーズベルト　2、ペリー　　　　3、ハリス　　　　4、マッカーサー　（　）　　問416

1、吉田松陰　　　2、大隈重信　　　3、板垣退助　　　4、大久保利通　　（　）　　問417

1、クラーク　　　2、シーボルト　　3、ハリス　　　　4、モース　　　　（　）　　問418

1、ウィルソン　　2、ハリス　　　　3、ヒットラー　　4、ムッソリーニ　（　）　　問419

1、福沢諭吉　　　2、大隈重信　　　3、板垣退助　　　4、中江兆民　　　（　）　　問420

1、片山哲　　　　2、池田勇人　　　3、吉田茂　　　　4、佐藤栄作　　　（　）　　問421

1、夏目漱石　　　2、井上靖　　　　3、大江健三郎　　4、小林秀雄　　　（　）　　問422

1、桂太郎　　　　2、大隈重信　　　3、原敬　　　　　4、田中義一　　　（　）　　問423

1、西郷隆盛　　　2、山県有朋　　　3、江藤新平　　　4、三条実美　　　（　）　　問424

1、夏目漱石　　　2、芥川龍之介　　3、三島由紀夫　　4、川端康成　　　（　）　　問425
1、岩倉具視　　　2、大隈重信　　　3、伊藤博文　　　4、板垣退助　　　（　）　　問426

問427　第一次護憲運動をおこし、普通選挙運動にも活躍し、「憲政の神様」と呼ばれた人物を答えなさい。（　　）

問428　１８７１年、日本に郵便制度がつくられましたが、この制度を確立するのに努力した人はだれですか。（　　）

問429　国の命令に背いてまで、ユダヤ人の命を助けるためにビザを発行した駐リトアニア領事を答えなさい。（　　）

問430　第一次大戦の戦争の処理の方法として１４か条の提案を発表したアメリカの大統領を答えなさい。（　　）

問431　「たけくらべ」を著した作家を答えなさい。（　　）

問432　ペスト菌を発見するなど、素晴しい功績を残した医学者を答えなさい。（　　）

問433　優れた原子模型をつくり、原子核の存在を予想した科学者を答えなさい。（　　）

問434　結核、ハンセン病などの治療法の研究、化学療法という新しい分野の開拓に素晴しい功績を残した医学者はだれですか。（　　）

問435　１９６５年、ノーベル物理学賞を受賞した日本人を答えなさい。（　　）

問436　自由民権運動の中心となった人物は大隈重信ともう一人はだれですか。（　　）

問437　世界で最初にビタミンＢ１の抽出に成功した科学者はだれですか。（　　）

問438　「舞姫」「高瀬舟」を著した作家はだれですか。（　　）

問439　「政治のことは会議を開いて大勢の意見で決めよう」など、新しい政治の方針を五か条の御誓文として神にちかう形で国民に示した人物はだれですか。（　　）

問440　１９８７年、ノーベル医学・生理学賞を受賞した日本人を答えなさい。（　　）

問441　東京都大田区附近で大森貝塚を発見した人物はだれですか。（　　）

問442　征韓論にやぶれた後、鹿児島の士族におされて兵をおこした人はだれですか。（　　）

問443　１９７３年、ノーベル物理学賞を受賞した日本人を答えなさい。（　　）

問444　日本で最初にノーベル物理学賞を受賞し、世界平和運動にも科学者として活躍していた人物はだれですか。（　　）

問445　民撰議院設立建白書を提出し、立志社をおこし、また愛国社・自由党を結成した人物を答えなさい。（　　）

問446　「浮雲」を著した作家はだれですか。（　　）

問447　地震の震源地までの距離を計算する公式を考案した地震学者はだれですか。（　　）

問448　「若菜集」「破戒」を著した作家を答えなさい。（　　）

問449　明治のはじめ、札幌農学校で教鞭をとり、「少年よ大志をいだけ」のことばでも有名なアメリカ人の教育者はだれですか（　　）

1、吉野作造	2、犬養毅	3、西園寺公望	4、尾崎行雄 （ ）	問427
1、岩崎弥太郎	2、前島密	3、新渡戸稲造	4、榎本武揚 （ ）	問428
1、高橋是清	2、杉原千畝	3、幣原喜重郎	4、松岡洋右 （ ）	問429
1、ルーズベルト	2、マッカーサー	3、ニクソン	4、ウイルソン （ ）	問430
1、樋口一葉	2、二葉亭四迷	3、森鴎外	4、与謝野晶子 （ ）	問431
1、北里柴三郎	2、志賀潔	3、高峰譲吉	4、鈴木梅太郎 （ ）	問432
1、長岡半太郎	2、大森房吉	3、本多光太郎	4、野口英世 （ ）	問433
1、野口英世	2、志賀潔	3、鈴木梅太郎	4、北里柴三郎 （ ）	問434
1、野口英世	2、湯川秀樹	3、朝永振一郎	4、横山大観 （ ）	問435
1、板垣退助	2、西郷隆盛	3、大久保利通	4、福沢諭吉 （ ）	問436
1、野口英世	2、鈴木梅太郎	3、北里柴三郎	4、志賀潔 （ ）	問437
1、夏目漱石	2、尾崎紅葉	3、樋口一葉	4、森鴎外 （ ）	問438
1、源頼朝	2、聖徳太子	3、明治天皇	4、後醍醐天皇 （ ）	問439
1、朝永振一郎	2、福井謙一	3、利根川進	4、野口英世 （ ）	問440
1、モース	2、相沢忠洋	3、クラーク	4、大森房吉 （ ）	問441
1、大隈重信	2、西郷隆盛	3、板垣退助	4、江藤新平 （ ）	問442
1、朝永振一郎	2、湯川秀樹	3、福井謙一	4、江崎玲於奈 （ ）	問443
1、湯川英樹	2、湯川秀樹	3、湯川英輝	4、湯川秀輝 （ ）	問444
1、大隈重信	2、伊藤博文	3、岩倉具視	4、板垣退助 （ ）	問445
1、国木田独歩	2、坪内逍遙	3、二葉亭四迷	4、与謝野晶子 （ ）	問446
1、木村栄	2、大森房吉	3、長岡半太郎	4、北里柴三郎 （ ）	問447
1、夏目漱石	2、島崎藤村	3、幸田露伴	4、国木田独歩 （ ）	問448
1、ウィルソン	2、ガンジー	3、モース	4、クラーク （ ）	問449

問450 「五重塔」を著した作家を答えなさい。（　　　　）
問451 ジフテリア、破傷風の血清療法を発見した日本の細菌学者を（　　　　）答えなさい。
問452 岡倉天心とともに東京美術学校を建て、日本人に伝統ある美（　　　　）術を守ることを説いた人物はだれですか。
問453 北里柴三郎に師事し、赤痢菌を発見した細菌学者を答えなさ（　　　　）い。
問454 「みだれ髪」を著した作家を答えなさい。（　　　　）
問455 太平洋戦争（大東亜戦争）の後、日本を占領した連合国の最（　　　　）高指令官を答えなさい。
問456 明治時代の代表的政治家で、最初の内閣総理大臣となり、大（　　　　）日本帝国憲法の草案をつくった人物はだれですか。
問457 １８７７年に大森貝塚を発見したアメリカの動物学者を答え（　　　　）なさい。
問458 １９４６年から１９５５年まで５度にわたって内閣を組織し（　　　　）た人物を答えなさい。
問459 １８７１年、近代的な郵便制度がしかれた、その最大の功労（　　　　）者はだれですか。
問460 １８９７年、日本最初の自動織機を発明したのはだれですか（　　　　）
問461 「金色夜叉」を著した作家はだれですか。（　　　　）
問462 磁気ひずみ現象の研究で世界的に注目を浴びた物理学者はだ（　　　　）れですか。
問463 立憲政友会から内閣総理大臣となり、わが国最初の本格的な（　　　　）政党内閣を作った人物を答えなさい。
問464 ５・１５事件で暗殺された人物はだれですか。（　　　　）
問465 第一次世界大戦の後その反省に立ち、国際協力と世界平和の（　　　　）ために、史上はじめての国際的な平和機構の設立に努力した人物を答えなさい。
問466 消化酵素タカジアスターゼを発明した化学者はだれですか。（　　　　）
問467 大量虐殺兵器である原子爆弾を初めて使って、多くの民間人（　　　　）を殺戮したアメリカの大統領はだれですか。
問468 政党を中心とした議会政治の実現を目指す「民本主義」を唱（　　　　）え、後の普通選挙運動に大きな影響をあたえた人物はだれですか。
問469 １８９８年に板垣退助とともに内閣をつくり、第一次世界大（　　　　）戦参加では、対華２１か条要求を行った人物を答えなさい。
問470 アメリカ合衆国の第２３代大統領で、パリ講和会議に全権と（　　　　）して出席し、国際連盟設立を主張した人物を答えなさい。
問471 アメリカ合衆国第３３代大統領で、共産主義の侵略を受ける（　　　　）国の援助を明らかにした人物はだれですか。
問472 わが国ではじめてノーベル賞をとった人物を答えなさい。（　　　　）

1、二葉亭四迷	2、幸田露伴	3、尾崎紅葉	4、坪内逍遙	（　）問450
1、野口英世	2、鈴木梅太郎	3、大森房吉	4、北里柴三郎	（　）問451
1、カノッサ	2、スターリン	3、ルノワール	4、フェノロサ	（　）問452
1、志賀潔	2、鈴木梅太郎	3、北里柴三郎	4、野口英世	（　）問453
1、尾崎紅葉	2、与謝野晶子	3、島崎藤村	4、樋口一葉	（　）問454
1、マッカーサー	2、ハリス	3、ルーズベルト	4、ケネディー	（　）問455
1、大隈重信	2、伊藤博文	3、岩倉具視	4、板垣退助	（　）問456
1、クラーク	2、ウータン	3、シーボルト	4、モース	（　）問457
1、吉田兼好	2、吉田松蔭	3、吉田作造	4、吉田茂	（　）問458
1、前島密	2、渋沢栄一	3、岩崎弥太郎	4、中江兆民	（　）問459
1、高野房太郎	2、豊田佐吉	3、片山潜	4、横山源之助	（　）問460
1、夏目漱石	2、二葉亭四迷	3、坪内逍遙	4、尾崎紅葉	（　）問461
1、本多光太郎	2、長岡半太郎	3、高峰譲吉	4、大森房吉	（　）問462
1、大隈重信	2、伊藤博文	3、原敬	4、桂太郎	（　）問463
1、尾崎行雄	2、犬養毅	3、吉野作造	4、板垣退助	（　）問464
1、ルーズベルト	2、トルーマン	3、ワシントン	4、ウィルソン	（　）問465
1、北里柴三郎	2、野口英世	3、鈴木梅太郎	4、高峰譲吉	（　）問466
1、ワシントン	2、ウィルソン	3、トルーマン	4、ジェファーソン	（　）問467
1、吉野作造	2、板垣退助	3、原敬	4、寺内正毅	（　）問468
1、伊藤博文	2、岩倉具視	3、大隈重信	4、桂小五郎	（　）問469
1、セオドア＝ルーズベルト	2、リンカーン	3、ウイルソン	4、ケネディ	（　）問470
1、セオドア＝ルーズベルト	2、フランクリン＝ルーズベルト	3、ウイルソン	4、トルーマン	（　）問471
1、江崎玲於奈	2、湯川秀樹	3、朝永振一郎	4、福井謙一	（　）問472

問473	福島の貧しい家に生まれながら苦学して医者になり、アフリカで細菌の研究中に誤って感染してなくなった人物はだれですか。	( )
問474	１８９４年、不平等条約改正の交渉に成功した外務大臣を答えなさい。	( )
問475	日本・ドイツとともに海外進出をはかったイタリアの政治家はだれですか。	( )
問476	「吾輩は猫である」「坊っちゃん」を著した作家はだれですか。	( )
問477	民本主義を唱えた、大正時代の政治学者はだれですか。	( )
問478	明治維新の指導者で、初代内務卿となり中央集権体制の基礎を築いたが、東京の紀尾井坂で暗殺された薩摩出身の政治家はだれですか。	( )
問479	日本国憲法の不備を訴え、自衛隊の駐屯基地で自決した作家を答えなさい。	( )
問480	立憲国民党をつくり、尾崎行雄らと第一次護憲運動をすすめ、１９２２年には革新クラブをつくり総裁になった人物を答えなさい。	( )
問481	立憲改進党を組織し、１８８２年には東京専門学校（現在の早稲田大学）を創立した佐賀藩出身の人物を答えなさい。	( )
問482	緯度の計算式を精密にするＺ項を発見した天文学者はだれですか。	( )
問483	日本美術を研究し、日本の古典美術を高く評価し、日本画の復興につくしたアメリカ人はだれですか。	( )
問484	１９６８年、ノーベル文学賞を受賞した日本人を答えなさい	( )
問485	自由民権運動の指導者で、自由党をつくった人物はだれですか。	( )
問486	１９世紀なかばに結ばれた不平等条約の改正を完成した、桂内閣の外務大臣はだれですか。	( )
問487	「武蔵野」を著した作家を答えなさい。	( )
問488	地震計の発明など、近代地震学の開拓者を答えなさい。	( )
問489	「小説神髄」を著した作家はだれですか。	( )
問490	リトアニアの首都カナウスで、ナチスドイツに迫害されている多くのユダヤ人を救った日本人はだれですか。	( )
問491	維新の三傑とは、西郷隆盛、大久保利通ともう一人はだれですか。	( )
問492	コレラ菌の発見、ツベルクリンなどで有名な、ドイツの細菌学者を答えなさい。	( )
問493	第一次世界大戦後、国際的な平和機構をつくることをとなえたアメリカの大統領はだれですか。	( )
問494	「金閣寺」「潮騒」を著した作家を答えなさい。	( )

1、湯川秀樹	2、北里柴三郎	3、野口英世	4、朝永振一郎	( ) 問473
1、伊藤博文	2、陸奥宗光	3、小村寿太郎	4、桂太郎	( ) 問474
1、ムッソリーニ	2、ヒトラー	3、チャーチル	4、ブレジネフ	( ) 問475
1、夏目漱石	2、幸田露伴	3、国木田独歩	4、島崎藤村	( ) 問476
1、尾崎行雄	2、吉野作造	3、板垣退助	4、犬養毅	( ) 問477
1、大久保利通	2、西郷隆盛	3、木戸孝允	4、板垣退助	( ) 問478
1、有島武郎	2、川端康成	3、太宰治	4、三島由紀夫	( ) 問479
1、原敬	2、尾崎行雄	3、犬養毅	4、吉田茂	( ) 問480
1、大隈重信	2、西郷隆盛	3、福沢諭吉	4、西園寺公望	( ) 問481
1、高峰譲吉	2、大森房吉	3、野口英世	4、木村栄	( ) 問482
1、シュタイン	2、グナイスト	3、フェノロサ	4、ロッシュ	( ) 問483
1、川端康成	2、志賀直哉	3、谷崎潤一郎	4、島崎藤村	( ) 問484
1、江藤新平	2、大隈重信	3、後藤象二郎	4、板垣退助	( ) 問485
1、陸奥宗光	2、岩倉具視	3、小村寿太郎	4、井上馨	( ) 問486
1、国木田独歩	2、島崎藤村	3、樋口一葉	4、森鴎外	( ) 問487
1、木村栄	2、本多光太郎	3、大森房吉	4、長岡半太郎	( ) 問488
1、坪内逍遙	2、幸田露伴	3、森鴎外	4、与謝野晶子	( ) 問489
1、田中義一	2、原敬	3、尾崎行雄	4、杉原千畝	( ) 問490
1、木戸孝允	2、坂本竜馬	3、伊藤博文	4、高杉晋作	( ) 問491
1、ベルツ	2、ヘルツ	3、ゴッホ	4、コッホ	( ) 問492
1、ウイルソン	2、ワシントン	3、ルーズベルト	4、ハリス	( ) 問493
1、三島由紀夫	2、石坂洋次郎	3、芥川龍之介	4、井伏鱒二	( ) 問494

問495　ファシスト党をひきいて、独裁政治を行なったイタリアの政治家を答えなさい。（　　　　）

問496　自由民権運動の中心となった人物は板垣退助ともう一人はだれですか。（　　　　）

問497　明治・大正の政治家で、立憲政友会の総裁となり、大正7年に首相になり、本格的な政党内閣をつくった人物はだれですか。（　　　　）

問498　梅毒スピロヘータ菌の培養、黄熱病の研究などで素晴しい功績を残した、福島県出身の細菌学者はだれですか。（　　　　）

問499　1974年、ノーベル平和賞を受賞した、元内閣総理大臣を答えなさい。（　　　　）

問500　明治時代の最初の政治家、外交家で、1902年に日英同盟を結び、全権としてポーツマス条約を結び、条約改正や韓国併合にも大きな役割をはたした人物はだれですか。（　　　　）

問501　アドレナリンというホルモンを結晶の形で取り出すことに成功した科学者はだれですか。（　　　　）

問502　1912年、犬養毅らとともに第一次護憲運動をすすめた政党政治家を答えなさい。（　　　　）

問503　コレラ菌を発見し、ツベルクリンを完成した、細菌学の祖といわれる人物を答えなさい。（　　　　）

問504　明治維新のためにもっとも力をつくした人物の一人で、征韓論を主張し、西南の役をおこして敗れて人物はだれですか。（　　　　）

問505　国民の権利を守る憲法をつくり、議会を開くことを求める運動の指導者となってさかんに政府を攻撃した人物はだれですか。（　　　　）

問506　オリザニン（ビタミン）を世界で最初に発見した農芸化学者はだれですか。（　　　　）

1、ヒットラー	2、ムッソリーニ	3、ケネディ	4、トルーマン	（　） 問495
1、伊藤博文	2、大隈重信	3、岩倉具視	4、山形有朋	（　） 問496
1、原敬	2、尾崎行雄	3、犬養毅	4、陸奥宗光	（　） 問497
1、湯川秀樹	2、野口英世	3、本多光太郎	4、菊池寛	（　） 問498
1、吉田茂	2、佐藤栄作	3、田中角栄	4、鈴木善幸	（　） 問499
1、伊藤博文	2、小村寿太郎	3、前島密	4、吉野作造	（　） 問500
1、本多光太郎	2、北里柴三郎	3、高峰譲吉	4、鈴木梅太郎	（　） 問501
1、吉野作造	2、原敬	3、尾崎行雄	4、犬養毅	（　） 問502
1、パスツール	2、コッホ	3、野口英世	4、北里柴三郎	（　） 問503
1、坂本竜馬	2、西郷隆盛	3、大隈重信	4、岩倉具視	（　） 問504
1、板垣退助	2、伊藤博文	3、大隈重信	4、小村寿太郎	（　） 問505
1、鈴木梅太郎	2、北里柴三郎	3、志賀潔	4、野口英世	（　） 問506

解 答   問1～問60

問1	小野妹子	4		問31	聖徳太子	2
問2	鑑真	4		問32	道鏡	1
問3	菅原道真	4		問33	平清盛	2
問4	元明天皇	4		問34	平将門	2
問5	紀貫之	1		問35	中臣鎌足	2
問6	桓武天皇	4		問36	鑑真	1
問7	平清盛	4		問37	柿本人麻呂	2
問8	清少納言	1		問38	小野妹子	3
問9	空海	1		問39	行基	2
問10	聖徳太子	1		問40	鑑真	4
問11	藤原基経	4		問41	中臣鎌足	3
問12	平将門	1		問42	聖徳太子	3
問13	天武天皇	1		問43	平清盛	1
問14	山上憶良	1		問44	定朝	3
問15	元明天皇	3		問45	藤原道長	3
問16	聖徳太子	1		問46	桓武天皇	2
問17	藤原純友	2		問47	源氏、平氏	3
問18	坂上田村麻呂	4		問48	菅原道真	4
問19	最澄	4		問49	聖徳太子	4
問20	天智天皇	1		問50	平清盛	1
問21	中大兄皇子	3		問51	鑑真	2
問22	中臣鎌足	3		問52	源義家	4
問23	光明皇后（光明子）	2		問53	菅原道真	4
問24	聖武天皇	1		問54	藤原頼通	3
問25	空海	4		問55	阿部仲麻呂	1
問26	紫式部	3		問56	平将門	2
問27	卑弥呼	4		問57	藤原純友	4
問28	源義朝	1		問58	藤原基経	2
問29	道鏡	1		問59	シャカ（ゴータマ＝シッダルタ）	4
問30	元明天皇	3		問60	聖武天皇	2

解　答　　　　　　　　　　　問61～問120

問61	王仁（わに）	4		問91	道鏡	1
問62	光明皇后	3		問92	卑弥呼	2
問63	藤原道長	2		問93	白河天皇（上皇）	2
問64	清少納言	2		問94	聖徳太子	3
問65	白河上皇	1		問95	元明天皇	1
問66	藤原頼通	1		問96	行基	4
問67	蘇我氏	3		問97	聖武天皇	4
問68	紫式部	3		問98	鳥羽僧正	4
問69	蘇我氏	2		問99	源義朝	3
問70	清少納言	4		問100	天武天皇	4
問71	桓武天皇	1		問101	藤原道長	2
問72	聖徳太子	1		問102	光明皇后（光明子）	3
問73	中大兄皇子	1		問103	坂上田村麻呂	4
問74	聖武天皇	3		問104	犬上御田鍬	1
問75	聖徳太子	2		問105	坂上田村麻呂	4
問76	阿倍仲麻呂	1		問106	藤原純友	2
問77	蘇我氏	3		問107	阿倍仲麻呂	4
問78	王仁（わに）	1		問108	聖武天皇	1
問79	山上憶良	4		問109	光明皇后	3
問80	源義家	1		問110	桓武天皇	4
問81	鳥羽僧正	3		問111	聖武天皇	1
問82	坂上田村麻呂	3		問112	源義家	1
問83	白河上皇	4		問113	菅原道真	2
問84	平将門	4		問114	小野妹子	4
問85	鞍作鳥（止利仏師）	4		問115	柿本人麻呂	3
問86	中大兄皇子	1		問116	元明天皇	4
問87	藤原純友	2		問117	聖武天皇	3
問88	菅原道真	4		問118	藤原道長	2
問89	中大兄皇子	3		問119	エドワード＝モース	3
問90	中臣鎌足	4		問120	鞍作鳥（止利仏師）	1

M・access

解答　　　　　　　　　　　　問121〜問180

問121	藤原頼通	4	問151	豊臣秀吉	1
問122	藤原純友	1	問152	新田義貞	1
問123	卑弥呼	3	問153	日蓮	2
問124	蘇我氏	2	問154	北条時宗	2
問125	聖徳太子	2	問155	豊臣秀吉	1
問126	阿部仲麻呂	2	問156	世阿弥	3
問127	白河上皇	4	問157	狩野永徳	4
問128	紀貫之	3	問158	バスコ＝ダ＝ガマ	1
問129	推古天皇	1	問159	足利義満	2
問130	定朝	1	問160	上杉謙信	4
問131	仁徳天皇	2	問161	藤原定家	2
問132	桓武天皇	1	問162	後鳥羽上皇	2
問133	空海	3	問163	足利義昭	1
問134	天武天皇	2	問164	宗祇	2
問135	紫式部	2	問165	豊臣秀吉	3
問136	推古天皇	4	問166	法然	2
問137	藤原道長	4	問167	後鳥羽上皇	3
問138	平清盛	2	問168	豊臣秀吉	4
問139	仁徳天皇	3	問169	織田信長	4
問140	蘇我蝦夷・蘇我入鹿	1	問170	後鳥羽上皇	2
問141	清少納言	1	問171	足利義満	1
問142	最澄	3	問172	狩野永徳	1
問143	空海	3	問173	山名宗全	2
問144	紫式部	1	問174	宗祇	4
問145	天智天皇	3	問175	運慶	4
問146	元明天皇	3	問176	北条時宗	4
問147	足利義満	2	問177	明智光秀	4
問148	足利義政	2	問178	源実朝	4
問149	石田三成	2	問179	マルコ＝ポーロ	4
問150	北条時宗	3	問180	源頼朝	2

解 答　　　　　　　　　　問181～問240

問181	足利義満	2	問211	足利尊氏	1
問182	北条泰時	1	問212	北条泰時	1
問183	マゼラン	4	問213	快慶	2
問184	法然	4	問214	千利休	4
問185	北条時宗	2	問215	足利義満	2
問186	北条泰時	1	問216	足利義昭	3
問187	石田三成	1	問217	狩野山楽	2
問188	足利義満	2	問218	織田信長	1
問189	道元	3	問219	北条時宗	4
問190	運慶、快慶	2	問220	栄西	4
問191	上杉謙信	4	問221	観阿弥	4
問192	足利義昭	3	問222	足利尊氏	2
問193	フランシスコ＝ザビエル	2	問223	新田義貞	4
問194	運慶	1	問224	雪舟	4
問195	快慶	3	問225	今川義元	3
問196	北条泰時	3	問226	後鳥羽上皇	4
問197	法然	1	問227	新田義貞	1
問198	道元	2	問228	北条氏	3
問199	足利尊氏	2	問229	マルコ＝ポーロ	2
問200	足利義満	3	問230	千利休	2
問201	源実朝	3	問231	後醍醐天皇	4
問202	コロンブス	2	問232	今川義元	1
問203	雪舟	1	問233	藤原定家	4
問204	フビライ＝ハン	4	問234	足利義満	1
問205	後醍醐天皇	2	問235	フランシスコ＝ザビエル	1
問206	足利義昭	4	問236	栄西	2
問207	雪舟	4	問237	後醍醐天皇	3
問208	源実朝	3	問238	明智光秀	3
問209	後醍醐天皇	3	問239	上杉謙信	3
問210	明智光秀	4	問240	親鸞	2

解 答　　　　　　　　　問241〜問300

問241	足利尊氏	4		問271	足利義政	3
問242	豊臣秀吉	1		問272	今川義元	1
問243	源頼朝	1		問273	織田信長	3
問244	運慶・快慶	4		問274	上杉謙信	2
問245	山名宗全	1		問275	日蓮	1
問246	親鸞	2		問276	親鸞	4
問247	日蓮	4		問277	井伊直弼	2
問248	徳川家康	1		問278	シーボルト	2
問249	道元	4		問279	耶揚子	2
問250	日蓮	4		問280	松平定信	3
問251	フビライ＝ハン	2		問281	安藤広重	3
問252	世阿弥	2		問282	伊達政宗	3
問253	フランシスコ＝ザビエル	1		問283	近藤重蔵	1
問254	武田勝頼	2		問284	徳川吉宗	3
問255	チンギス＝ハン	2		問285	大岡忠相	3
問256	細川勝元	1		問286	ウイリアム＝アダムス	1
問257	マルコ＝ポーロ	3		問287	前野良沢	2
問258	観阿弥、世阿弥	2		問288	近松門左衛門	2
問259	足利義政	4		問289	徳川吉宗	3
問260	チンギス＝ハン	1		問290	井原西鶴	2
問261	千利休	3		問291	松平定信	4
問262	足利義政	4		問292	ハリス	2
問263	細川勝元	2		問293	井原西鶴	2
問264	源頼朝	3		問294	徳川家光	4
問265	足利義満	3		問295	井伊直弼	3
問266	千利休	1		問296	ハリス	2
問267	チンギス＝ハン	2		問297	徳川綱吉	3
問268	栄西	3		問298	十返舎一九	3
問269	後醍醐天皇	2		問299	大塩平八郎	3
問270	親鸞	3		問300	徳川慶喜	2

解 答　　　　　　　　問301～問360

問301	本居宣長	4
問302	徳川家康	3
問303	アンリ＝デュナン	2
問304	水野忠邦	4
問305	徳川家光	3
問306	田沼意次	4
問307	徳川家光	2
問308	安藤広重	3
問309	近藤重蔵	1
問310	豊臣秀吉	4
問311	杉田玄白	1
問312	徳川光圀	3
問313	滝沢馬琴	2
問314	伊能忠敬	3
問315	山田長政	1
問316	新井白石	2
問317	徳川綱吉	4
問318	天草四郎時貞	2
問319	井伊直弼	2
問320	林羅山	4
問321	ペリー	4
問322	大塩平八郎	4
問323	与謝蕪村	2
問324	支倉常長	1
問325	ペリー	3
問326	松尾芭蕉	1
問327	徳川光圀	3
問328	徳川綱吉	2
問329	山田長政	2
問330	福沢諭吉	4
問331	新井白石	4
問332	徳川秀忠	3
問333	水野忠邦	1
問334	山田長政	4
問335	吉田松陰	4
問336	本居宣長	1
問337	大塩平八郎	2
問338	平賀源内	4
問339	間宮林蔵	2
問340	十返舎一九	4
問341	安藤広重	2
問342	青木昆陽	2
問343	井伊直弼	1
問344	伊達政宗	2
問345	ヤン＝ヨーステン	4
問346	菱川師宣	1
問347	徳川家光	3
問348	平賀源内	3
問349	徳川家康	1
問350	松平定信	3
問351	ペリー	1
問352	水野忠邦	4
問353	青木昆陽	1
問354	近松門左衛門	1
問355	徳川吉宗	3
問356	ウイリアム＝アダムズ	2
問357	三浦按針	4
問358	徳川慶喜	2
問359	伊能忠敬	3
問360	ハリス	3

解答　　　　　　　　　　　　問361～問420

問361	間宮林蔵	2		問391	松平定信	1
問362	天草四郎	1		問392	支倉常長	2
問363	大岡忠相	3		問393	徳川秀忠	2
問364	青木昆陽	4		問394	近松門左衛門	4
問365	徳川綱吉	2		問395	杉田玄白	3
問366	関孝和	2		問396	徳川家康	2
問367	孔子	4		問397	井伊直弼	4
問368	松尾芭蕉	4		問398	ウイリアム＝アダムズ	4
問369	織田信長	2		問399	松尾芭蕉	3
問370	間宮林蔵	1		問400	シーボルト	3
問371	近藤重蔵	1		問401	松尾芭蕉	3
問372	本居宣長	4		問402	徳川慶喜	4
問373	伊能忠敬	1		問403	山田長政	3
問374	林羅山	2		問404	本居宣長	2
問375	前野良沢	1		問405	シーボルト	1
問376	徳川慶喜	1		問406	杉田玄白	4
問377	新井白石	2		問407	明治天皇	2
問378	天草四郎	3		問408	小村寿太郎	1
問379	井原西鶴	4		問409	西郷隆盛	3
問380	徳川家光	2		問410	伊藤博文	3
問381	徳川吉宗	4		問411	前島密	4
問382	ペリー	3		問412	陸奥宗光	3
問383	林羅山	1		問413	杉原千畝	1
問384	徳川家康	4		問414	本多光太郎	4
問385	田沼意次	2		問415	福井謙一	1
問386	関孝和	4		問416	マッカーサー	4
問387	井原西鶴	2		問417	大久保利通	4
問388	関孝和	2		問418	クラーク	1
問389	前野良沢	4		問419	ムッソリーニ	4
問390	ペリー	4		問420	福沢諭吉	1

解答　　　　　　　　　　　問421～問480

問421	吉田茂	3
問422	大江健三郎	3
問423	原敬	3
問424	西郷隆盛	1
問425	川端康成	4
問426	伊藤博文	3
問427	尾崎行雄	4
問428	前島密	2
問429	杉原千畝	2
問430	ウイルソン	4
問431	樋口一葉	1
問432	北里柴三郎	1
問433	長岡半太郎	1
問434	志賀潔	2
問435	朝永振一郎	3
問436	板垣退助	1
問437	鈴木梅太郎	2
問438	森鴎外	4
問439	明治天皇	3
問440	利根川進	3
問441	エドワード＝モース	1
問442	西郷隆盛	2
問443	江崎玲於奈	4
問444	湯川秀樹	2
問445	板垣退助	4
問446	二葉亭四迷	3
問447	大森房吉	2
問448	島崎藤村	2
問449	クラーク	4
問450	幸田露伴	2
問451	北里柴三郎	4
問452	フェノロサ	4
問453	志賀潔	1
問454	与謝野晶子	2
問455	マッカーサー	1
問456	伊藤博文	2
問457	エドワード＝モース	4
問458	吉田茂	4
問459	前島密	1
問460	豊田佐吉	2
問461	尾崎紅葉	4
問462	長岡半太郎	2
問463	原敬	3
問464	犬養毅	2
問465	ウイルソン	4
問466	高峰譲吉	4
問467	トルーマン	3
問468	吉野作造	1
問469	大隈重信	3
問470	ウイルソン	3
問471	トルーマン	4
問472	湯川秀樹	2
問473	野口英世	3
問474	陸奥宗光	2
問475	ムッソリーニ	1
問476	夏目漱石	1
問477	吉野作造	2
問478	大久保利通	1
問479	三島由紀夫	4
問480	犬養毅	3

解 答   問481～問506

問481	大隈重信	1
問482	木村栄	4
問483	フェノロサ	3
問484	川端康成	1
問485	板垣退助	4
問486	小村寿太郎	3
問487	国木田独歩	1
問488	大森房吉	3
問489	坪内逍遙	1
問490	杉原千畝	4
問491	木戸孝允	1
問492	コッホ	4
問493	ウイルソン	1
問494	三島由紀夫	1
問495	ムッソリーニ	2
問496	大隈重信	2
問497	原敬	1
問498	野口英世	2
問499	佐藤栄作	2
問500	小村寿太郎	2
問501	高峰譲吉	3
問502	尾崎行雄	3
問503	コッホ	2
問504	西郷隆盛	2
問505	板垣退助	1
問506	鈴木梅太郎	1

M.acceess　学びの理念

☆**学びたいという気持ちが大切です**
　勉強を強制されていると感じているのではなく、心から学びたいと思っていることが、子どもを伸ばします。

☆**意味を理解し納得する事が学びです**
　たとえば、公式を丸暗記して当てはめて解くのは正しい姿勢ではありません。意味を理解し納得するまで考えることが本当の学習です。

☆**学びには生きた経験が必要です**
　家の手伝い、スポーツ、友人関係、近所付き合いや学校生活もしっかりできて、「学び」の姿勢は育ちます。
　生きた経験を伴いながら、学びたいという心を持ち、意味を理解、納得する学習をすれば、負担を感じるほどの多くの問題をこなさずとも、子どもたちはそれぞれの目標を達成することができます。

発刊のことば

　「生きてゆく」ということは、道のない道を歩いて行くようなものです。「答」のない問題を解くようなものです。今まで人はみんなそれぞれ道のない道を歩き、「答」のない問題を解いてきました。

　子どもたちの未来にも、定まった「答」はありません。もちろん「解き方」や「公式」もありません。

　私たちの後を継いで世界の明日を支えてゆく彼らにもっとも必要な、そして今、社会でもっとも求められている力は、この「解き方」も「公式」も「答」すらもない問題を解いてゆく力ではないでしょうか。

　人間のはるかに及ばない、素晴らしい速さで計算を行うコンピューターでさえ、「解き方」のない問題を解く力はありません。特にこれからの人間に求められているのは、「解き方」も「公式」も「答」もない問題を解いてゆく力であると、私たちは確信しています。

　M.accessの教材が、これからの社会を支え、新しい世界を創造してゆく子どもたちの成長に、少しでも役立つことを願ってやみません。

日本を知る社会シリーズ1
日本史人名一問一答　新装版　（内容は旧版と同じものです）

新装版　第1刷
編集者　M.access（エム・アクセス）
発行所　株式会社　認知工学
〒604-8155　京都市中京区錦小路烏丸西入ル占出山町308
電話　（075）256-7723　　email：ninchi@sch.jp
郵便振替　01080-9-19362　株式会社認知工学

ISBN978-4-86712-031-6　C-6330　　S01100125A　　M

定価＝　本体600円　＋税

ISBN978-4-86712-031-6　C6330　￥600E

定価：本体６００円＋消費税

M.access　認知工学

表紙の解答

大日本帝国憲法や教育勅語(ちょくご)を制定し、強力な近代天皇制国家を確立した人物を答えなさい。

　　　　（　明治天皇　　　）

大日本帝国憲法
1889年発布

教育勅語
1890年「教育ニ関スル勅語」

1、孝明天皇　　2、明治天皇
3、大正天皇　　4、昭和天皇

　　　　　　　（　２　）

在位年
孝明天皇　1846-1867
明治天皇　1867-1912
大正天皇　1912-1926
昭和天皇　1926-1989

仕組みが分かる
理科練習帳シリーズ

シリーズ2

てこの基礎 上 新装版

てこ・てんびん
回転力（モーメント）とつり合い

小数範囲：小数までの四則計算が正確にできること

本書は受験レベルの問題を解くことを前提に作成されていますが、学校レベルの内容をしっかり理解するための補助教材としてもお使い頂けます。

問題、【図ア】の状態でつり合うてんびんを使って、【図イ】のようにおもりをつるしてつり合わせました。この時、おもりは何gでしょうか。てんびんぼうの重さは60gです。

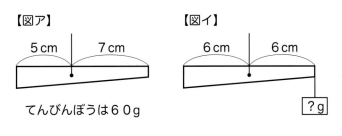

※てんびんぼうの重心に、ぼうの重さ全てがかかっていると考えます。